10 CONVERSATIONS IN INTERMEDIATE SPANISH

Short Natural Dialogues to
Boost Your Confidence &
Improve Your Spoken Spanish

Written by Olly Richards

Edited by Eleonora Calviello & James Granahan

Copyright © 2020 Olly Richards Publishing Ltd.

All rights reserved. No part of this publication may be reproduced, distributed or transmitted in any form or by any means, including photocopying, recording, or other electronic or mechanical methods, without the prior written permission of the publisher, except in the case of brief quotations embodied in critical reviews and certain other noncommercial uses permitted by copyright law. For permission requests, write to the publisher:

Olly Richards Publishing Ltd.

olly@iwillteachyoualanguage.com

Trademarked names appear throughout this book. Rather than use a trademark symbol with every occurrence of a trademarked name, names are used in an editorial fashion, with no intention of infringement of the respective owner's trademark.

The information in this book is distributed on an "as is" basis, without warranty. Although every precaution has been taken in the preparation of this work, neither the author nor the publisher shall have any liability to any person or entity with respect to any loss or damage caused or alleged to be caused directly or indirectly by the information contained in this book.

101 Conversations in Intermediate Spanish: Short Natural Dialogues to Boost Your Confidence & Improve Your Spoken Spanish

ISBN: 979-8-60-713710-6

FREE "STORY LEARNING" KIT

Discover how to learn foreign languages faster & more effectively through the power of story.

Your free video masterclasses, action guides & handy printouts include:

- A simple six-step process to maximise learning from reading in a foreign language

- How to double your memory for new vocabulary from stories

- Planning worksheet (printable) to learn faster by reading more consistently

- Listening skills masterclass: "How to effortlessly understand audio from stories"

- How to find willing native speakers to practise your language with

To claim your FREE "Story Learning" Kit, visit:

https://www.iwillteachyoualanguage.com/kit

WE DESIGN OUR BOOKS TO BE INSTAGRAMMABLE!

Post a photo of your new book to Instagram using #storylearning and you'll get an entry into our monthly book giveaways!

Tag us **@ORP_books** to make sure we see you!

BOOKS BY OLLY RICHARDS

Olly Richards writes books to help you learn languages through the power of story. Here is a list of all currently available titles:

Short Stories in Danish For Beginners

Short Stories in Dutch For Beginners

Short Stories in English For Beginners

Short Stories in French For Beginners

Short Stories in German For Beginners

Short Stories in Icelandic For Beginners

Short Stories in Italian For Beginners

Short Stories in Norwegian For Beginners

Short Stories in Brazilian Portuguese For Beginners

Short Stories in Russian For Beginners

Short Stories in Spanish For Beginners

Short Stories in Swedish For Beginners

Short Stories in Turkish For Beginners

Short Stories in Arabic for Intermediate Learners

Short Stories in English for Intermediate Learners

Short Stories in Italian for Intermediate Learners
Short Stories in Korean for Intermediate Learners
Short Stories in Spanish for Intermediate Learners

101 Conversations in Simple English
101 Conversations in Simple French
101 Conversations in Simple German
101 Conversations in Simple Italian
101 Conversations in Simple Spanish

101 Conversations in Intermediate English
101 Conversations in Intermediate French
101 Conversations in Intermediate German
101 Conversations in Intermediate Italian
101 Conversations in Intermediate Spanish

All titles are also available as audiobooks.

For more information visit Olly's author page at:
http://iwillteachyoualanguage.com/amazon

ABOUT THE AUTHOR

Olly Richards is a foreign language expert and teacher who speaks eight languages and has authored over 20 books. He has appeared in international press including the BBC, Independent, El País, and Gulf News. He has also featured in a BBC documentary and authored language courses for the Open University.

Olly started learning his first foreign language at the age of 19, when he bought a one-way ticket to Paris. With no exposure to languages growing up, and no natural talent for languages, Olly had to figure out how to learn French from scratch. Twenty years later, Olly has studied languages from around the world and is considered an expert in the field.

Through his books and website, I Will Teach You A Language, Olly is known for teaching languages through the power of story – including the book you are holding in your hands right now!

You can find out more about Olly, including a library of free training, at his website:

https://www.iwillteachyoualanguage.com

CONTENTS

Introduction xv
How to Use this Book xvii
The Five-Step Reading Process xxiii
El Secreto en la Pintura 1
Character Profiles 3
Introduction to the Story 5
1. La llamada 6
2. La urgencia 8
3. Algo inesperado 10
4. La segunda llamada 12
5. La aparición 14
6. La ficha que falta 16
7. La pintura 18
8. ¿La bomba? 20
9. El detector de bombas 22
10. A salvo 24
11. Lucas, el asistente 26
12. El marco 28
13. "Este cuadro no está aquí por error" 30
14. La explicación 32
15. La llamada misteriosa 34
16. Un número desconocido 36
17. El cuadro se va del museo 38
18. En la estación de policía 40
19. Los números protegidos 42
20. Padre e hijo 44
21. El almacén 46
22. Normal 48
23. Pintura fresca 50
24. Adam llama 52
25. Lo que Adam sabe 54
26. Cinco escenas 56
27. Analizando la pintura 58
28. La Plaza Mayor 60

29. ¿A dónde entran los tres hombres con pasamontañas?...... 62
30. Convenciendo a Zabaleta...... 64
31. La Plaza Mayor 66
32. El intento de robo...... 68
33. La detención 70
34. El señor Hernández...... 72
35. El regreso a la estación...... 74
36. La sala de interrogatorios...... 76
37. El interrogatorio 78
38. Ayuda...... 80
39. Zabaleta llama a la puerta 82
40. El quinto crimen...... 84
41. La estrategia...... 86
42. En Chamartín...... 88
43. El control de equipajes 90
44. La sustancia extraña 92
45. El robo de la joyería 94
46. La venta de drogas 96
47. El secuestro 98
48. El grito...... 100
49. El regreso de Ignacio 102
50. En la estación...... 104
51. La visita inesperada...... 106
52. Zabaleta se da cuenta...... 108
53. Los pañuelos rojos 110
54. El sospechoso...... 112
55. Las buenas noches 114
56. Adam llama de nuevo 116
57. La conversación con Adam...... 118
58. Pasos a seguir...... 120
59. El seguimiento de Zabaleta 122
60. El edificio en construcción...... 124
61. Intento de escape...... 126
62. El rescate...... 128
63. La huida...... 130
64. En el coche 132
65. El secreto en la pintura...... 134
66. La tarjeta de memoria...... 136

67. Los archivos 138
68. ¿Quiénes son los secuestradores? 140
69. Rosco 142
70. La caja fuerte 144
71. La guarida de los secuestradores 146
72. El rescate.. 148
73. De vuelta a casa.. 150
74. ¿Dónde está la tarjeta? 152
75. Zabaleta llama.. 154
76. Un giro inesperado... 156
77. Los motivos 158
78. El arma 160
79. Las pruebas destruidas 162
80. El secuestro.. 164
81. Encerrada en el despacho... 166
82. Pérez se va.. 168
83. La huida... 170
84. De camino al parque.. 172
85. ¡Alguien se ha llevado a Mateo! 174
86. La llamada de Ignacio 176
87. El reencuentro con Mateo 178
88. Ignacio lo explica todo 180
89. La red de corrupción.. 182
90. La promesa 184
91. En la oficina central 186
92. Detenidos... 188
93. La tarjeta de memoria 190
94. Cuerpo a tierra 192
95. El ataque de Rayos X 194
96. Detienen a Zabaleta.. 196
97. La llamada urgente de Nuria 198
98. La oferta 200
99. En El Prado 202
100. La visita de Adam 204
101. Lucas recibe una invitación 206

INTRODUCTION

If you've ever tried speaking Spanish with a stranger, chances are it wasn't easy! You might have felt tongue-tied when you tried to recall words or verb conjugations. You might have struggled to keep up with the conversation, with Spanish words flying at you at 100mph. Indeed, many students report feeling so overwhelmed with the experience of speaking Spanish in the real world that they struggle to maintain motivation. The problem lies with the way Spanish is usually taught. Textbooks and language classes break Spanish down into rules and other "nuggets" of information in order to make it easier to learn. But that can leave you with a bit of a shock when you come to actually speak Spanish out in the real world: "People don't speak like they do in my textbooks!" That's why I wrote this book.

101 Conversations in Intermediate Spanish prepares you to speak Spanish in the real world. Unlike the contrived and unnatural dialogues in your textbook, the 101 authentic conversations in this book offer you simple but authentic spoken Spanish that you can study away from the pressure of face-to-face conversation. The conversations in this book tell the story of six people in Madrid. You'll experience the story by following the conversations the characters have with one another. Written entirely in spoken Spanish, the conversations give you the authentic experience of reading real Spanish in a format that is convenient and accessible for a beginner (A2 on the Common European Framework of Reference).

The extensive, story-based format of the book helps you get used to spoken Spanish in a natural way, with the words and phrases you see gradually emerging in your own spoken Spanish as you learn them naturally through your reading. The book is packed with engaging learning material including short dialogues that you can finish in one sitting, helpful English definitions of difficult words, scene-setting introductions to each chapter to help you follow along, and a story that will have you gripped until the end. These learning features allow you to learn and absorb new words and phrases, and then activate them so that, over time, you can remember and use them in your own spoken Spanish. You'll never find another way to get so much practice with real, spoken Spanish!

Suitable for beginners and intermediate learners alike, *101 Conversations in Intermediate Spanish* is the perfect complement to any Spanish course and will give you the ultimate head start for using Spanish confidently in the real world! Whether you're new to Spanish and looking for an entertaining challenge, or you have been learning for a while and want to take your speaking to the next level, this book is the biggest step forward you will take in your Spanish this year.

If you're ready, let's get started!

HOW TO USE THIS BOOK

There are many possible ways to use a resource such as this, which is written entirely in Spanish. In this section, I would like to offer my suggestions for using this book effectively, based on my experience with thousands of students and their struggles.

There are two main ways to work with content in a foreign language:

1. Intensively
2. Extensively

Intensive learning is when you examine the material in great detail, seeking to understand all the content - the meaning of vocabulary, the use of grammar, the pronunciation of difficult words, etc. You will typically spend much longer with each section and, therefore, cover less material overall. Traditional classroom learning, generally involves intensive learning. *Extensive* learning is the opposite of intensive. To learn extensively is to treat the material for what it is – not as the object of language study, but rather as content to be enjoyed and appreciated. To read a book for pleasure is an example of extensive reading. As such, the aim is not to stop and study the language that you find, but rather to read (and complete) the book.

There are pros and cons to both modes of study and, indeed, you may use a combination of both in your approach.

However, the "default mode" for most people is to study *intensively*. This is because there is the inevitable temptation to investigate anything you do not understand in the pursuit of progress and hope to eliminate all mistakes. Traditional language education trains us to do this. Similarly, it is not obvious to many readers how extensive study can be effective. The uncertainty and ambiguity can be uncomfortable: "There's so much I don't understand!"

In my experience, people have a tendency to drastically overestimate what they can learn from intensive study, and drastically underestimate what they can gain from extensive study. My observations are as follows:

- **Intensive learning**: Although it is intuitive to try to "learn" something you don't understand, such as a new word, there is no guarantee you will actually manage to "learn" it! Indeed, you will be familiar with the feeling of trying to learn a new word, only to forget it shortly afterwards! Studying intensively is also time-consuming meaning you can't cover as much material.

- **Extensive learning**: By contrast, when you study extensively, you cover huge amounts of material and give yourself exposure to much more content in the language than you otherwise would. In my view, this is the primary benefit of extensive learning. Given the immense size of the task of learning a foreign language, extensive learning is the only way to give yourself the exposure to the language that you need in order to stand a chance of acquiring it. You simply can't learn everything you need in the classroom!

When put like this, extensive learning may sound quite compelling! However, there is an obvious objection: "But how do I *learn* when I'm not looking up or memorising things?" This is an understandable doubt if you are used to a traditional approach to language study. However, the truth is that you can learn an extraordinary amount *passively* as you read and listen to the language, but only if you give yourself the opportunity to do so! Remember, you learned your mother tongue passively. There is no reason you shouldn't do the same with a second language!

Here are some of the characteristics of studying languages extensively:

Aim for completion When you read material in a foreign language, your first job is to make your way through from beginning to end. Read to the end of the chapter or listen to the entire audio without worrying about things you don't understand. Set your sights on the finish line and don't get distracted. This is a vital behaviour to foster because it trains you to enjoy the material before you start to get lost in the details. This is how you read or listen to things in your native language, so it's the perfect thing to aim for!

Read for gist The most effective way to make headway through a piece of content in another language is to ask yourself: "Can I follow the gist of what's going on?" You don't need to understand every word, just the main ideas. If you can, that's enough! You're set! You can understand and enjoy a great amount with gist alone, so carry on through the material and enjoy the feeling of making progress! If the material is so hard that you struggle to understand even the gist, then my advice for you would be to consider easier material.

Don't look up words As tempting as it is to look up new words, doing so robs you of time that you could spend reading the material. In the extreme, you can spend so long looking up words that you never finish what you're reading. If you come across a word you don't understand… Don't worry! Keep calm and carry on. Focus on the goal of reaching the end of the chapter. You'll probably see that difficult word again soon, and you might guess the meaning in the meantime!

Don't analyse grammar Similarly to new words, if you stop to study verb tenses or verb conjugations as you go, you'll never make any headway with the material. Try to *notice* the grammar that's being used (make a mental note) and carry on. Have you spotted some unfamiliar grammar? No problem. It can wait. Unfamiliar grammar rarely prevents you from understanding the gist of a passage but can completely derail your reading if you insist on looking up and studying every grammar point you encounter. After a while, you'll be surprised by how this "difficult" grammar starts to become "normal"!

You don't understand? Don't worry! The feeling you often have when you are engaged in extensive learning is: "I don't understand". You may find an entire paragraph that you don't understand or that you find confusing. So, what's the best response? Spend the next hour trying to decode that difficult paragraph? Or continue reading regardless? (Hint: It's the latter!) When you read in your mother tongue, you will often skip entire paragraphs you find boring, so there's no need to feel guilty about doing the same when reading Spanish. Skipping difficult passages of text may feel like cheating, but it can, in fact, be a mature approach to reading that allows you to make progress through the material and, ultimately, learn more.

If you follow this mindset when you read Spanish, you will be training yourself to be a strong, independent Spanish learner who doesn't have to rely on a teacher or rule book to make progress and enjoy learning. As you will have noticed, this approach draws on the fact that your brain can learn many things naturally, without conscious study. This is something that we appear to have forgotten with the formalisation of the education system. But, speak to any accomplished language learner and they will confirm that their proficiency in languages comes not from their ability to memorise grammar rules, but from the time they spend reading, listening to, and speaking the language, enjoying the process, and integrating it into their lives.

So, I encourage you to embrace extensive learning, and trust in your natural abilities to learn languages, starting with… The contents of this book!

THE FIVE-STEP READING PROCESS

Here is my suggested five-step process for making the most of each conversation in this book:

1. Read the short introduction to the conversation. This is important, as it sets the context for the conversation, helping you understand what you are about to read. Take note of the characters who are speaking and the situation they are in. If you need to refresh your memory of the characters, refer to the character introductions at the front of the book.

2. Read the conversation all the way through without stopping. Your aim is simply to reach the end of the conversation, so do not stop to look up words and do not worry if there are things you do not understand. Simply try to follow the gist of the conversation.

3. Go back and read the same conversation a second time. If you like, you can read in more detail than before, but otherwise simply read it through one more time, using the vocabulary list to check unknown words and phrases where necessary.

4. By this point, you should be able to follow the gist of the conversation. You might like to continue to read the same conversation a few more times until you feel confident. This is time well-spent and with each repetition you will gradually build your understanding of the content.

5. Move on! There is no need to understand every word in the conversation, and the greatest value to be derived from the book comes from reading it through to completion! Move on to the next conversation and do your best to enjoy the story at your own pace, just as you would any other book.

At every stage of the process, there will inevitably be words and phrases you do not understand or passages you find confusing. Instead of worrying about the things you *don't* understand, try to focus instead on everything that you *do* understand, and congratulate yourself for the hard work you are putting into improving your Spanish.

EL SECRETO EN LA PINTURA

(The Secret in the Painting)

CHARACTER PROFILES

Agustina Sánchez

Detective Sánchez is a policewoman who works in Madrid. After her previous experiences with Nuria and Alicia, she now specialises in cases related to the world of art.

Ignacio Galeano

Peter is a detective and colleague of Detective Sánchez. He has had less time on the job and, therefore, Detective Sánchez is his guide and mentor. He listens attentively to what she says and follows her instructions to the letter, although he is not afraid to give his opinion when he thinks necessary.

Nuria

A young art historian and curator who works at the Prado Museum.

Amelia Cáceres

The Director of the Prado Museum.

Inspector jefe Zabaleta

Chief Inspector at the police station where Detective Sánchez works. He controls the work of everyone in the division.

Lucas

A scholar at the Prado Museum, under the supervision of Nuria. He is an art history student. Everyone in his family is on the police force but he wants to dedicate his life to painting.

INTRODUCTION TO THE STORY

Shortly after arresting a major art forger, detective Agustina Sánchez receives a call from the director of the Prado Museum in Madrid.

Has another work of art gone missing? Actually, the opposite! A mysterious painting has appeared on the Prado walls. No-one knows where it came from or how it got there.

Detective Sánchez goes to the museum with her partner Galeano. They meet the director, Amelia, and the curator, Nuria. Could this be a mistake? A joke? In fact, it's neither! They discover some tiny writing on the back of the painting: "This painting is not here by accident."

While they try to figure out where the painting came from, they further discover that it is filled with clues. The painting contains five scenes, each representing a crime that will be committed somewhere in Madrid by the end of the day.

As they race around the city to stop this crime wave, more questions arise: Who is behind this network of organised crime? And who is trying to warn detective Sánchez?

1. LA LLAMADA

La detective Agustina Sánchez se despierta con el timbre del teléfono. Mira el reloj y son las 8 de la mañana. Escucha cómo su hijo, Mateo, responde al teléfono. Al cabo de unos minutos logra reunir la energía suficiente para levantarse de la cama e ir hasta la cocina.

Mateo: ¡Buenos días, Mamá!

Agustina: Buenos días, hijo, ¿cómo estás hoy?

Mateo: ¡Muy bien! ¿Cómo estás tú, mamá?

Agustina: Muy cansada. Mamá estuvo trabajando mucho esta semana... ¡espero que los próximos días sean más tranquilos!

Mateo: ¡Yo también! ¡Estoy agotado!

Agustina: Ah, ¿sí? ¿Y eso a qué se debe, hijo mío?

Mateo: Me hacen trabajar muy duro en la escuela: el maestro nos hace pintar, pintar y pintar, y quiere que usemos *todos* los colores. Y luego es la hora del cuento, y luego tenemos que cantar una canción, y luego jugar a la pelota.

Agustina: Ya veo... Y después aquí en casa tu madre se queda dormida y debes atender el teléfono. ¿Quién era, por cierto?

Mateo: Tu jefe, ¡dijo que era *agente*!

Agustina: ¿Agente?

Mateo: No, no era *agente*. Dijo que era… *indigente*.

Agustina: ¿Pero qué dices, Mateo? Espera… ¿dijo que era *urgente*?

Mateo: Sí, ¡eso! ¡Dijo que era *urgente*!

Vocabulario

el timbre bell
al cabo de after
agotado exhausted
por cierto by the way
atender el teléfono answer the phone
el indigente indigent — poor
lograr to manage to
el reloj a clock
reunir to gather
mío mine
cuento story
ya veo I see
se queda dormida falls asleep
agente policeman
eso that.

2. LA URGENCIA

Agustina Sánchez coge el móvil y llama a su jefe, el inspector Zabaleta. Es un hombre de mal carácter y modos algo bruscos, pero siempre han tenido buena relación. Agustina habla por teléfono y prepara un chocolate caliente para Mateo. Mateo se lo bebe en silencio mientras ve los dibujos animados.

Zabaleta: ¿Dígame?

Agustina: Hola, Zabaleta. Soy yo, la detective Sánchez. ¿Has llamado hace un rato?

Zabaleta: Sí, sí, le dije a tu niño que era urgente, ¿dónde estabas?

Agustina: Perdón, después del caso de esta semana, estoy muy cansada. Estaba en la cama.

Zabaleta: Bien, espero que hayas dormido bastante, porque tenemos algo nuevo que requiere tu inmediata presencia en la estación.

Agustina: ¡Oh, no! ¿De qué se trata? ¿Otro falsificador de pinturas?

Zabaleta: No puedo darte más detalles por teléfono, Sánchez, tienes que venir. Deja a Mateo en la escuela y ven de inmediato.

Agustina: Vale. En media hora estoy ahí.

Zabaleta: Perfecto, te esperamos. ¡Hasta ahora!

Agustina: ¡Hasta ahora!

Mateo: Mamá, ¿qué significa *urgente*?

Vocabulario

el mal carácter bad temper
hace un rato a while ago
el caso case
requerir to require
tratarse de to be about
el falsificador forger

coger
~~un rato~~
algo
darte
Deja

3. ALGO INESPERADO

Después de dejar a Mateo en la escuela, Agustina llega lo más rápido posible a la estación de policía donde trabaja. Al llegar, ve que su jefe, el inspector Zabaleta, la espera en la puerta muy preocupado.

Agustina: Inspector Zabaleta, ¿qué ha sucedido? ¿Qué es tan urgente?

Zabaleta: No te lo puedo decir aquí… Entremos en la oficina y te lo cuento.

Agustina: ¡Cuánto misterio! Debe ser un caso muy sensible. ¿Ignacio está dentro?

Zabaleta: Sí, están todos dentro. Es un asunto muy serio... y necesita tu atención inmediata.

Todos: ¡SORPRESAAAAAAAA!

Agustina: ¡Ahhhhhh! ¿Qué es esto? ¡¿Una fiesta sorpresa para mí?!

Zabaleta: Feliz cumpleaños, detective Sánchez.

Agustina: ¡Pero si mi cumpleaños es el 12 de septiembre!

Ignacio: *Hoy* es 12 de septiembre, Sánchez. ¡Ya tienes cuarenta años!

Agustina: Madre mía, ¡es verdad! ¡Gracias, compañeros!

Zabaleta: Estoy empezando a pensar que necesitas unas vacaciones. A ver, todo el mundo, un brindis por nuestra mejor detective, que, por si algún distraído no se enteró, ayer atrapó a Pino Robles, el mayor falsificador de Picasso de toda Europa. ¡Salud!

Todos: ¡Salud!

Agustina: ¡Muchas gracias a todos! Es un honor trabajar con este equipo… Un momento, ¿eso es tarta de queso? Venga, servidme un poco.

Vocabulario

la estación de policía police station
lo más rápido posible as quickly as possible
hace un rato a while ago
sensible sensitive
el asunto subject
el brindis toast
por si in case
enterarse find out
atrapar to catch

dejar
llegar
lo cuento
dentro
venga

4. LA SEGUNDA LLAMADA

Mientras están celebrando el cumpleaños de Agustina en la estación de policía suena el teléfono de su escritorio. La detective Sánchez se traga rápidamente el último bocado de su porción de tarta de queso y contesta al teléfono.

Agustina: ¿Hola? ¿Quién habla?

Amelia: Detective Sánchez, soy Amelia Reich, la directora del Museo del Prado. ¡Felicidades!

Agustina: Buenos días, Amelia. ¿También te has enterado de que es mi cumpleaños? Parece que soy la última en enterarme.

Amelia: Pues no, no sabía que era tu cumpleaños, ¡feliz cumpleaños! Te estaba felicitando por atrapar a Pino Robles. ¡Al fin nos deshacemos de ese malhechor! No sé qué es peor, que sus obras fueran tan buenas como para engañar a nuestros mejores especialistas, o que una persona con tanto talento haya decidido dedicarse a las falsificaciones en vez de desarrollar su propia carrera artística.

Agustina: Sí, es una verdadera lástima. Por cierto, ¿qué vais a hacer con sus cuadros?

Amelia: Bueno, aunque no sean Picassos originales, ahora los consideramos como piezas históricas, ¡sobre todo desde que atrapaste al artista! Estamos planeando una exposición especial dedicada a las falsificaciones.

Agustina: ¡Me parece una excelente idea! Desde aquella vez que trabajamos en el robo de las pinturas de Goya el año pasado, cada vez me interesan más los casos relacionados con el mundo del arte.

Amelia: ¡Lo sé! Es exactamente por eso que te he llamado…

Agustina: ¡Oh, no! ¿Ha habido algún robo en el museo?

Amelia: No… Más bien *lo contrario*. Será mejor que vengas.

Vocabulario

tragar to swallow
el bocado mouthful
el malhechor evil-doer
la obra (de arte) artwork
falsificaciones forgeries
engañar to deceive
en vez de instead of
el robo theft
más bien lo contrario rather the opposite

enterarme
desharemos
dedicarse
desarrollar
lástima
por cierto · by the way
cuadros
atrapaste
aquella
vengas - you come.

5. LA APARICIÓN

Agustina se disculpa con su jefe y sus compañeros por no quedarse a comer y beber durante un rato más y se dirige al Museo del Prado. Cuando llega encuentra a Amelia y a su amiga Nuria con las que ya ha colaborado anteriormente para atrapar a un ladrón de arte. Amelia y Nuria están mirando con preocupación una gran pintura en una de las salas más importantes del ala de arte contemporáneo del museo.

Nuria: ¡Agustina! ¿Cómo estás?

Agustina: Hola, Nuria. Bien. ¿Tú cómo estás? ¿Y Alicia?

Nuria: Alicia apenas puede moverse. Va a dar a luz en un par de semanas y el bebé está muy inquieto… pero, por lo demás, todo está muy bien.

Agustina: Me alegro. ¿Tú cómo estás, Amelia? Me has causado mucha intriga con tu llamada, ¿me vais a contar qué sucede? ¿Acaso esta pintura es una falsificación? ¿Es robada?

Amelia: Te seré sincera… No estamos muy seguras de cuál es el problema con esta pintura.

words that have appeared more than once:
venga, un rato.

Vocabulario

dirigirse to head to
anteriormente previously
el ladrón thief
el ala de arte contemporáneo contemporary art wing
apenas barely
dar a luz to give birth
inquieto restless
la intriga intrigue

Se disculpa.
un rato - a while
encuentra
atrapar.
preocupación
un par - a few
por lo demás
Me alegro.

6. LA FICHA QUE FALTA

La detective Sánchez no logra comprender por qué la han llamado Amelia y Nuria. Parece haber algún problema relacionado con la pintura que tienen frente a ellas pero no logran explicarle cuál es.

Nuria: Creo que es mejor que te cuente cómo nos hemos dado cuenta de que sucede algo raro.

Agustina: Vale.

Nuria: Durante las últimas semanas han llegado al museo muchas obras de arte nuevas. Seguramente has notado que en los museos todas las obras van acompañadas por un pequeño cartel, una ficha técnica, donde se explica quién es el artista, de qué año es la obra y más información.

Agustina: Sí, claro.

Nuria: Bueno, hoy llegaron las fichas de todas las obras nuevas. Sin embargo, cuando terminamos de colocarlas nos dimos cuenta de que no había llegado la ficha para esta pintura. Pensamos que era un error, pero no lo es. La ficha no se imprimió porque esta pintura no es parte de nuestra colección.

Agustina: ¿Qué quieres decir?

Amelia: Esta pintura no es nuestra: no la compramos, nadie la donó… simplemente apareció aquí.

Vocabulario

faltar to be missing
darse cuenta to realise
el cartel sign
la ficha técnica data sheet
colocar to put, to hang
donar to donate

7. LA PINTURA

Por primera vez desde que llegó, Agustina, se detuvo a mirar la obra. Era un cuadro grande de al menos dos metros de ancho por un metro de alto con un grueso marco metálico. En la pintura había muchos personajes y varias escenas en sitios con mucha gente. Le recordó a los libros de ¿Dónde está Wally? que tanto le gustan a Mateo.

Agustina: Entiendo... es muy extraño. De repente aparece una pintura aquí colgada. Seguramente se trate de un error, pero entiendo vuestra preocupación. Deberíamos revisar las cámaras de seguridad y hablar con otros empleados del museo.

Amelia: Por supuesto, aún no hemos hecho nada de eso. Pensamos en llamarte antes de hacer nada porque... bueno, tememos que en el marco o detrás de la tela pueda haber algún... *dispositivo extraño*.

Agustina: ¡¿Quieres decir que podría haber *una bomba* en el cuadro?!

Vocabulario

el cuadro painting
grueso thick
el marco frame
de repente suddenly
colgado hung
el empleado employee
la tela canvas
el dispositivo device

8. ¿LA BOMBA?

Amelia acaba de decirle a la detective Sánchez que sospechan que podría haber explosivos dentro del cuadro que misteriosamente ha aparecido en el museo. Agustina hace una llamada telefónica.

Nuria: ¿A quién has llamado?

Agustina: A mi compañero, Ignacio. Está en camino con nuestro detector de bombas. Pero antes, ¿por qué creéis que puede haber una bomba en el cuadro?

Amelia: Bueno, por supuesto que es solo una idea, pero se nos ocurrió que mucha gente importante viene al museo, como políticos de todo el mundo, miembros de la realeza, empresarios. Es la forma perfecta de hacer entrar un explosivo sin alertar los controles de seguridad.

Agustina: Muy bien pensado. Es cierto, es una posibilidad. ¿Hay algún evento importante pronto?

Nuria: Sí, claro. Este mes tenemos eventos de todo tipo, y vendrán personalidades importantes de todo el mundo.

Agustina: Vale. Más tarde, si es posible, me gustaría tener una lista detallada… Pero mirad, allí viene nuestro detector de bombas.

Nuria: ¡Qué guapo es!

Vocabulario

acaba de decirle a la detective just told the detective
sospechar to suspect
el explosivo explosive
el detector de bombas bomb detector
el miembro member
la realeza royalty
el empresario entrepreneur
las personalidades public figures

9. EL DETECTOR DE BOMBAS

Por el pasillo se acerca Ignacio, el compañero de Agustina. Con una correa sostiene a un enorme perro policía. Nuria, a quien le encanta los perros, se acerca hacia él y comienza a acariciarlo.

Nuria: ¡Pero qué guapo eres cachorro! ¿Cómo se llama?

Ignacio: Oficialmente, se llama Canino 1977, pero le decimos "Rayos X".

Nuria: ¿Por qué "Rayos X"?

Ignacio: Porque ve a través de la materia. No se le escapa nada a Rayos X, es el mejor.

Nuria: ¡Pero qué bonito eres, Rayos X! Te llevaría a mi casa…

Ignacio: Lamentablemente lo necesitan en la oficina central, ¡pero puedes visitarlo cuando quieras!

Agustina: Vale, vale, ¡basta de mimos! Este es el cuadro que te mencioné, Ignacio. Trae a Rayos X aquí para ver si puede detectar algo…

Vocabulario

la correa leash
sostener to hold
te llevaría a mi casa I would take you home
acariciar to caress
la materia matter
¡basta de mimos! that's enough pampering!

10. A SALVO

Después de que Rayos X, el perro detector de bombas, se acercara a oler el cuadro y no reaccionara, la detective Sánchez e Ignacio, aseguran a Amelia y a Nuria de que no hay ningún explosivo escondido detrás de la pintura o en el marco.

Agustina: Estamos a salvo. Si Rayos X no huele nada es porque no hay de qué preocuparse.

Ignacio: Bueno, nada que pueda explotar al menos. Aún podría haber una carta, un mensaje o una pista de la persona que ha traído este cuadro al museo… a menos que se trate de un simple error.

Agustina: Espero que lo sea. Ahora, si no te importa, me gustaría descolgar el cuadro para ver si hay algo en el marco o detrás de la pintura, ¿es posible?

Nuria: Claro. Llamaré a mi asistente.

Vocabulario

acercarse to approach
reaccionar react
escondido hidden
estar a salvo to be safe
no hay de qué preocuparse there is nothing to worry about
a menos que unless
descolgar to take down

11. LUCAS, EL ASISTENTE

Después de que Nuria lo llamase, Lucas, su asistente, se acerca a donde están ellos. Se trata de un joven de unos veinticinco años muy sonriente y alegre. Es alto y tiene el pelo negro y rizado. Nuria presenta a Lucas a la detective Sánchez y a Ignacio.

Agustina: Un placer conocerte, Lucas.

Lucas: El placer es mío. ¿Así que vosotros sois policías?

Agustina: Sí, pero no te asustes, solo estamos investigando.

Lucas: Oh, no os preocupéis por eso, ¡estoy más que acostumbrado a los policías!

Agustina: Ah, ¿sí? ¿Y por qué?

Lucas: Pues porque casi todos en mi familia son policías. Mi padre, mis tíos, mis hermanas mayores. Yo soy la oveja negra… ¡imagina la reacción de mi padre cuando le conté que iba a estudiar arte!

Ignacio: Me lo puedo imaginar… ¡provengo de una familia de artistas!

Vocabulario

de unos 25 años of about 25 years
rizado curly
asustarse to get scared
acostumbrado used to
la oveja negra black sheep
provenir to come from

12. EL MARCO

Al ver que la detective Sánchez se impacienta, Nuria interrumpe a los dos muchachos que están charlando sobre sus familias para que vuelvan a concentrarse en la tarea que tienen por delante.

Nuria: Lucas, ¿podrías ayudarme a bajar este cuadro y darle la vuelta para que los detectives puedan estudiarlo más de cerca?

Lucas: Claro, perdón.

Agustina: Veamos, parece que detrás de la tela no hay nada.

Ignacio: El marco por detrás está hueco. Podemos hacerle pruebas pero no veo ningún objeto o sustancia sospechosa.

Agustina: Estoy empezando a pensar que este cuadro está aquí por error…

Nuria: Este cuadro no está aquí por error.

Agustina: ¿Qué quieres decir? ¿Cómo lo sabes?

Nuria: ¡Lo dice allí! Mira, en esa esquina… alguien escribió: "Este cuadro no está aquí por error".

Vocabulario

impacientarse to become impatient
darle la vuelta a algo to turn something around
parece que it seems that
hueco hollow
las pruebas tests
la sustancia sospechosa suspicious substance

13. "ESTE CUADRO NO ESTÁ AQUÍ POR ERROR"

Todos se acercan para ver la inscripción que señaló Nuria, menos Lucas, que se queda acariciando al perro Rayos X. La inscripción es un pequeño texto escrito con pintura de color rojo.

Amelia: ¿Creéis que es una broma? ¿Que alguien está intentando burlar a la seguridad del museo?

Nuria: Tal vez sea una obra de arte conceptual… un artista frustrado que quiere poner en evidencia el circuito elitista del arte…

Agustina: No creo que sea algo tan retorcido… aunque sin duda no es un problema simple el que tenemos frente a nosotros.

Ignacio: Lo que es seguro es que, el que trajo este cuadro al museo, está intentando decirnos algo.

Agustina: Bueno, deberíamos ir a revisar las grabaciones de seguridad para ver si podemos ver quién ha sido.

Lucas: Eso no es necesario, yo sé quién trajo este cuadro al museo.

Todos: ¿Quién ha sido?

Lucas: Yo, por supuesto.

Vocabulario

señalar to point
burlar to mock
poner en evidencia to expose
el circuito elitista del arte elite circle of art
retorcido twisted
revisar to check
las grabaciones de seguridad security footages

14. LA EXPLICACIÓN

Todos se quedan mirando a Lucas boquiabiertos hasta que Nuria comprende lo que el muchacho ha querido decir.

Nuria: Claro, ¡Lucas es el que trae todos los cuadros!

Agustina: ¿Cómo funciona eso?

Nuria: Pues, cuando hay una donación, una compra o algún otro tipo de adquisición, el museo se encarga de ir a buscar las piezas al aeropuerto o a donde sea que haya que ir a buscarlas. Lucas es el que va a buscarlas.

Agustina: ¿Él solo se encarga de traer las piezas de arte hasta aquí?

Nuria: No, ¡por supuesto que no! Lo hacemos con un camión especial y un equipo completo de especialistas, pero él se encarga de coordinar los traslados y mantenerme informada.

Lucas: Exacto. Esta obra llegó hace una semana, aproximadamente, ¡yo mismo fui a buscarla!

Vocabulario

boquiabierto astounded
la adquisición acquisition
encargarse de to be responsible for
las piezas de arte art pieces
el traslado transfer

15. LA LLAMADA MISTERIOSA

Tras escuchar la explicación de Nuria y Lucas, la detective Sánchez e Ignacio continúan indagando sobre el origen de la pintura misteriosa que apareció en las paredes del Prado.

Ignacio: ¿A dónde fuiste a buscar el cuadro?

Lucas: No fue nada inusual. Recibí una llamada con la orden de ir a buscar el cuadro a un almacén de arte al que he ido otras veces. Lo utilizan muchas galerías importantes de la ciudad. Cuando llegué al lugar el encargado del almacén me mostró el sitio donde estaba el cuadro y lo subimos al transporte.

Agustina: ¿No había nadie más en el almacén?

Lucas: No, solo el cuadro.

Nuria: Espera un momento, Lucas. La única persona que te dice a dónde tienes que ir a buscar las nuevas obras soy yo... Pero yo nunca te dije que fueras a por esta pintura. ¿Por qué hiciste caso a esa llamada?

Lucas: Pues porque eras tú... lo recuerdo perfectamente. Ese día llovía. Habías salido porque ibas a acompañar a Alicia a hacerse una ecografía. Al cabo de un par de horas recibí una llamada. No reconocí el número, pero cuando contesté eras tú. Pensé que quizá me llamabas desde el teléfono de Alicia. Incluso me indicaste precisamente dónde había que colgar el cuadro...

Nuria: Lucas, ese día yo no hice ninguna llamada…

Vocabulario

indagar to investigate
inusual unusual
el encargado the person in charge
el almacén warehouse
hacer caso a to listen to
reconocer to recognise

16. UN NÚMERO DESCONOCIDO

Al descubrir que Nuria no había hecho la misteriosa llamada que ordenaba a Lucas a ir a recoger el cuadro, le piden a Lucas que mire su teléfono para ver qué número le había llamado en esa fecha.

Lucas: Nuria, ¿recuerdas qué día fue exactamente?

Nuria: Claro, Alicia tenía programada la ecografía para el viernes 6 de septiembre. Lo recuerdo perfectamente porque teníamos la cita con el médico programada hacía meses anotada en un papel en el frigorífico.

Lucas: Vale, a ver. Sí, ese día recibí una sola llamada en todo el día, la de este número.

Agustina: Ignacio, toma nota del número, por favor. Después de dejar a Rayos X en la oficina central, ve a la estación de policía para averiguar a qué empresa telefónica corresponde y quién es el titular de esa línea. Nuria, ¿te suena el número?

Nuria: No, para nada. No es el número de Alicia y, de todos modos, estoy segura de que ese día no hice ninguna llamada.

Agustina: No te preocupes, pronto sabremos quién llamó a Lucas haciéndose pasar por ti.

Vocabulario

el número desconocido unknown number
recoger to pick up
anotado written down
averiguar to figure out
el titular owner
¿te suena el número? does the number ring a bell to you?
hacerse pasar por to impersonate

17. EL CUADRO SE VA DEL MUSEO

Ignacio se va del museo y se lleva al perro con él. Entonces, Agustina les explica que tienen que llevarse el cuadro a la estación de policía.

Agustina: No estoy segura de si es un crimen llevar una obra de arte a un museo, pero hacerse pasar por otra persona, definitivamente lo es. Por lo tanto, ya podemos abrir una investigación... tengo que llevarme la pintura como evidencia.

Lucas: ¿Te vas a llevar el cuadro?

Agustina: Sí, claro, vamos a tener que llevarlo a la estación de policía. De hecho, pensaba que tal vez podrías ayudarme a trasladarlo con ese equipo y ese camión que habéis mencionado antes.

Amelia: Por supuesto, detective.

Lucas: ¡Es una lástima!

Agustina: ¿Por qué dces eso?

Lucas: Pues porque ahora que está rodeado de misterio este cuadro comienza a ponerse más y más interesante.

Agustina: Créeme, más interesante será cuando averigüemos quién está detrás de esta broma.

Vocabulario

por lo tanto therefore
de hecho in fact
trasladar to move
¡es una lástima! it's a shame
rodeado de surrounded by
la broma prank

18. EN LA ESTACIÓN DE POLICÍA

La detective Sánchez y Lucas llevan la pintura a la estación de policía y la dejan en la oficina de la detective Sánchez. Cuando están allí, Ignacio llama a la puerta: tiene novedades sobre la línea telefónica que se ha comunicado con Lucas.

Ignacio: Tengo buenas y malas noticias.

Agustina: Las buenas primero, luego me encargo de los problemas.

Ignacio: Vale. La buena noticia es que he podido averiguar bastante sobre la línea telefónica: es de la compañía PhonoTel, uno de esos chips que venden en los kioscos. Sé que normalmente piden un número de documento o de pasaporte para venderlos, pero los de la compañía me han dicho que ese chip no figura en su registro como vendido, por lo que alguien ha debido de robarlo.

Agustina: Me lo imaginaba. ¿Qué hay del registro de llamadas? ¿Han podido identificar alguna llamada desde ese número?

Ignacio: Sí, han identificado dos llamadas. Una es la llamada al teléfono de Lucas. Y la otra… es la mala noticia.

Agustina: ¿A quién han hecho la segunda llamada?

Ignacio: A un número protegido…

Vocabulario

llamar a la puerta to knock on the door
la novedades news
bastante quite a lot of
figurar to appear
protegido protected

19. LOS NÚMEROS PROTEGIDOS

Ignacio acaba de informar a la detective Sánchez todo lo que ha podido averiguar sobre la línea telefónica desde la que han llamado a Lucas para ordenarle que lleve la misteriosa pintura al museo. Además de llamarlo a él, el número ha llamado a otra persona con un "número protegido".

Lucas: ¿Qué es un número protegido?

Ignacio: Puede ser un político, un miembro de la realeza, un militar, un agente del Centro Nacional de Inteligencia…

Agustina: Los números protegidos son números de teléfono de personas muy importantes… por eso las compañías de teléfono no nos pueden dar esa información. Para obtenerla tenemos que pedir autorización de alguien de alto rango, pero, jamás nos la darán para un caso como este… Solo suelen dar esa información cuando hay un secuestro, un atentado… algo grande.

Lucas: Vale, no tenía idea de que existía eso. ¿Hay policías con números protegidos?

Agustina: Sí, claro, los de alto rango, como… ¡inspector Zabaleta!

Vocabulario

acaba de informar just informed
el político politician
Centro Nacional de Inteligencia National Intelligence Centre
alto rango high rank
el secuestro kidnapping
el atentado attack

20. PADRE E HIJO

El inspector Zabaleta se acerca muy preocupado a Agustina, Ignacio y Lucas.

Zabaleta: ¿Qué es esto? ¿Qué sucede aquí?

Agustina: ¿A qué te refieres, jefe?

Zabaleta: Lucas, ¿estás bien? ¿Te has metido en problemas?

Ignacio: ¿Os conocéis?

Zabaleta: ¿Conocerlo? ¡Lucas es mi hijo!

Lucas: Claro, ¿no os acordáis? Os he dicho antes que mi padre era policía. No hay ningún problema, Papá. Estoy aquí por este cuadro.

Zabaleta: ¿Qué es este cuadro? ¿Lo has pintado tú?

Lucas: Jajaja. Sería una solución muy sencilla... No, este cuadro ha aparecido en el Museo del Prado. ¿Quién lo hubiera dicho? Estudié arte para no involucrarme en crímenes y misterios y aquí estoy, en la estación de policía de mi padre, metido en una investigación...

Vocabulario

¿A qué te refieres? what do you mean?
meterse en problemas to get into trouble
¿Quién lo hubiera dicho? Who would have thought it?
involucrarse to get involved

21. EL ALMACÉN

La detective Sánchez e Ignacio se dirigen al almacén de obras de arte del que Lucas ha recogido el cuadro. Es un gran almacén con muchos pequeños espacios de almacenamiento. En la puerta, los atiende el dueño del almacén, el señor Cáceres.

Agustina: ¿Señor Cáceres? Buenos días, soy la detective Sánchez y este es el detective Galeano.

Señor Cáceres: Buenos días, detective.

Agustina: Como le adelantamos por teléfono tenemos algunas preguntas sobre un cuadro que alguien guardó en este depósito y que más tarde el personal del Museo del Prado se llevó.

Señor Cáceres: Claro, sí, lo recuerdo. He buscado los papeles y la persona en cuestión solo dejó un nombre y un apellido... A ver... se llamaba Pedro Martínez.

Ignacio: ¿Pedro Martínez? ¿Eso es todo?

Señor Cáceres: Pues... sí.

Ignacio: ¿No dejó un número de documento? ¿Datos de contacto? ¿Una dirección? ¿Un teléfono?

Señor Cáceres: Por lo que veo, no. Generalmente cuando pagan por adelantado no pedimos demasiada información. Además, el muchacho me dijo que los del Prado pasarían al día siguiente y así fue. Estamos acostumbrados a trabajar con el museo sin problemas.

Agustina: Ya veo. ¿Se acuerda de cómo era el muchacho?

Señor Cáceres: ¡Claro que sí! Lo recuerdo muy claramente.

Vocabulario

el dueño owner
como le adelantamos as we told you in advance
el depósito depot
el personal personnel
la persona en cuestión the person concerned
por adelantado in advance

22. NORMAL

La detective Sánchez e Ignacio están haciendo algunas preguntas al señor Cáceres, el dueño del depósito donde se encontraba la misteriosa pintura que después se llevaron al Museo del Prado.

Ignacio: ¿Podría describirnos al joven con el máximo detalle posible, señor Cáceres?

Señor Cáceres: Claro, lo recuerdo muy bien. Tenía una gorra roja con visera negra, parecía muy nueva. Llevaba unas gafas oscuras con pasta negra... Llevaba una sudadera gris y pantalones vaqueros.

Agustina: Señor Cáceres, ¿recuerda algo más del muchacho además de su vestimenta? ¿Su color de pelo o de ojos? ¿Su edad?

Señor Cáceres: Ah... ya veo. Pues, era un muchacho... normal. No le vi el pelo porque llevaba la gorra, ni los ojos, porque llevaba gafas. En cuanto a su edad, diría... entre veinte y... ¿treinta y cinco años? No estoy muy seguro.

Agustina: ¿Podría decirnos su estatura?

Señor Cáceres: Era... normal. Ni muy alto, ni muy bajo, normal.

Vocabulario

la gorra con visera baseball cap
las gafas oscuras con pasta negra black-rimmed sunglasses
la sudadera sweatshirt
además de in addition to
la estatura height

23. PINTURA FRESCA

El señor Cáceres da a Agustina y a Ignacio la llave del almacén donde estaba guardada la pintura antes de que la transportaran al museo. El pequeño cuarto es un cubo de unos tres metros por tres metros, completamente vacío, con una puerta de metal.

Ignacio: Bueno, ahora solo tenemos que buscar a todos los hombres de entre veinte y treinta y cinco años que se llamen Pedro Martínez de Madrid... con aspecto normal.

Agustina: Estoy bastante segura de que Pedro Martínez no es el nombre real de la persona que trajo el cuadro a este almacén.

Ignacio: Estoy bromeando, Sánchez. Por supuesto que es un nombre falso. De todas formas, si fuera el nombre real, no nos serviría de nada... Bueno, parece que este almacén está vacío.

Agustina: No está vacío, ¡mira!

Ignacio: ¿Qué es eso? ¡¿Sangre?!

Agustina: No, es pintura roja, como la del cuadro. ¿Sabes qué significa esto?

Ignacio: ¿Significa que no sé distinguir la sangre de la pintura?

Agustina: No, significa que el cuadro estaba fresco cuando lo trajeron...

Vocabulario

la pintura fresca wet paint
completamente completely
el aspecto appearance
bromear to joke
no nos serviría de nada it wouldn't be of any use to us
distinguir to distinguish

24. ADAM LLAMA

La detective Sánchez se encuentra de nuevo en su despacho. Desde su silla, mira el cuadro que está apoyado contra la pared. De repente, suena el teléfono.

Agustina: ¿Hola?

Adam: Buenos días, detective Sánchez. Mi nombre es Adam.

Agustina: ¿Nos conocemos?

Adam: No nos conocemos todavía pero puede que nos conozcamos pronto. Tenemos amistades en común.

Agustina: ¿Qué amistades?

Adam: Nuria y Alicia.

Agustina: Oh. Nunca me han hablado de ti…

Adam: Mira, Agustina, tanto yo como Nuria y Alicia pertenecemos a una sociedad secreta. Sabemos que podemos confiar en ti, por eso te lo estoy diciendo.

Agustina: ¿Qué tipo de sociedad secreta?

Adam: Somos una red de investigadores, historiadores y arqueólogos que, a nivel global, trabajamos para proteger el mundo del arte, luchando contra el contrabando, los robos, las falsificaciones… por cierto, estamos muy impresionados con el trabajo que hiciste para desenmascarar a Pino Robles.

Agustina: Gracias… ¿Puedo saber por qué me llamas?

Adam: Te llamo por la pintura que tienes frente a ti en este momento.

Vocabulario

apoyado contra leaning against
puede que maybe
tanto yo como Nuria both me and Nuria
pertenecer a to belong to
confiar en to trust
la red network
el contrabando smuggling
desenmascarar to unmask

25. LO QUE ADAM SABE

La detective Sánchez está hablando por teléfono con Adam, un misterioso amigo de Nuria y Alicia que dice que pertenece a una sociedad secreta.

Agustina: ¿Cómo sabes lo de la pintura?

Adam: Nuria me lo contó todo. No te preocupes, te he llamado para ofrecerte mi ayuda.

Agustina: ¿Tú o tu sociedad secreta sabéis algo sobre este cuadro?

Adam: No, y eso es lo que me preocupa. Normalmente nos enteramos de los asuntos misteriosos relacionados con el mundo del arte mucho antes de que lleguen al despacho de un policía, pero, en este caso, parece ser que ese cuadro ha salido de la nada. Nuria me ha enviado una foto, no hemos podido identificar al artista. Es alguien con muy buena técnica, pero no es alguien conocido.

Agustina: No te ofendas, Adam, pero lo que me estás diciendo no es de mucha ayuda…

Adam: Jajaja. Es cierto. Sin embargo, hay algo que hemos podido averiguar.

Agustina: ¿Qué habéis podido averiguar?

Adam: Las personas y los sitios que aparecen en la pintura… son reales. Y creo que la persona que la pintó está intentando advertirnos de algo.

Vocabulario

relacionado con related to
parece ser que it seems to be that
ofenderse to get offended
advertir to warn

26. CINCO ESCENAS

Tras finalizar la llamada con Adam la detective Sánchez llama a Ignacio a su oficina. Mientras tanto observa con detenimiento los cientos de detalles y personajes que se despliegan de forma caótica frente a ella en la pintura.

Ignacio: ¿Qué sucede? ¿Alguna novedad?

Agustina: Ignacio, ¿cuántos años has trabajado patrullando las calles de Madrid?

Ignacio: Casi cinco años… pero prefiero la oficina, sinceramente.

Agustina: Vale, haz un café y refresca la memoria porque es momento de usar esos cinco años de experiencia.

Ignacio: ¿A qué te refieres?

Agustina: ¿Ves la pintura? ¿Ves que hay cinco escenas distintas en cinco sitios distintos?

Ignacio: Sí, claro, y en cada escena hay muchas personas.

Agustina: Sin embargo, si te fijas bien, puedes ver lo que está sucediendo. Mira esto, ¿ves lo que esa persona tiene en la mano?

Ignacio: ¿Es un arma?

Agustina: ¡Exacto! Ignacio, espero equivocarme, pero me parece que este cuadro nos está mostrando cinco crímenes… en cinco sitios de Madrid.

Vocabulario

la escena scene
mientras tanto in the meantime
con detenimiento carefully
desplegarse to deploy
patrullar to patrol
el arma gun
mostrar to show

27. ANALIZANDO LA PINTURA

En su despacho Agustina analiza la pintura con Ignacio. Ella usa una lupa para ver mejor.

Ignacio: ¿Qué es lo que estamos buscando exactamente?

Agustina: Necesitamos encontrar detalles que nos indiquen lugar, fecha y hora. Si no estoy equivocada, esta pintura representa cinco crímenes que puede que ocurran en algún sitio de Madrid.

Ignacio: Vale, vale… Aquí, ¡aquí hay algo que reconozco! Esta escultura del hombre montando a caballo la reconocería en cualquier sitio. Además, debajo se ve el suelo con ese color tan típico. Solo puede ser un sitio…

Agustina: ¿Qué sitio?

Ignacio: ¡Esta es la Plaza Mayor de Madrid o que me parta un rayo!

Vocabulario

la lupa magnifying glass
la escultura sculpture
montar a caballo to go horseback riding
¡o que me parta un rayo! may lightning strike me (if I'm lying)!

28. LA PLAZA MAYOR

Ignacio acaba de identificar el sitio donde transcurre una de las escenas del cuadro. Se trata de la Plaza Mayor de Madrid. Ahora él y la detective Sánchez buscan si efectivamente hay un crimen representado.

Agustina: Vale, ¡excelente trabajo! ¿Ves algún sospechoso en esta escena?

Ignacio: ¡Hay demasiados personajes! De todas formas, la plaza solo se ve así los días en los que hay muchos turistas. Déjame ver... Este no parece sospechoso, pero tiene un periódico en el bolsillo y creo que puede verse la fecha... ¡12 de septiembre!

Agustina: ¡El día de mi cumpleaños!

Ignacio: ¡Es hoy! La hora debería poder verse en el reloj de la torre, ¡dame tu lupa!

Agustina: ¿Ves algo?

Ignacio: Sí, es diminuto pero se ve con claridad. El reloj de la torre marca las dos y media de la tarde.

Agustina: Vale, solo nos queda encontrar un crimen.

Vocabulario

transcurrir to take place
el sospechoso suspect
la torre tower
diminuto tiny

29. ¿A DÓNDE ENTRAN LOS TRES HOMBRES CON PASAMONTAÑAS?

Agustina e Ignacio observan el lugar, fecha y hora de una de las escenas representadas en el misterioso cuadro que apareció en el Museo del Prado con el que creen que alguien puede estar advirtiéndoles de un crimen que puede que suceda en la ciudad.

Ignacio: Casi todos los personajes están vestidos como si hiciera calor, ¿verdad?

Agustina: Sí, parece que sí, ¿por qué? **Ignacio:** Pues porque no veo ningún arma pero estos tres hombres tienen pasamontañas. Sospechoso, ¿no?

Agustina: ¡Muy sospechoso!

Ignacio: Parece que están entrando en este local. ¿Qué es?

Agustina: Parece que en el escaparate hay libros, ¿no? ¿Pero quién robaría una librería?

Ignacio: ¡No es una librería! Ya sé qué local es ese…

Vocabulario

el pasamontañas ski mask
como si hiciera calor as if it was warm
parece que sí it seems so
el escaparate shop window

30. CONVENCIENDO A ZABALETA

La detective Sánchez e Ignacio corren a hablar con el inspector Zabaleta para decirle lo que han descubierto. Lo encuentran en su despacho almorzando.

Agustina: ¡Inspector! Tenemos algo urgente.

Zabaleta: ¿Qué ha ocurrido?

Agustina: Creemos que habrá un robo hoy a las dos y media en la Plaza Mayor.

Zabaleta: ¿Un robo? ¿Un robo a quién?

Ignacio: Creemos que intentarán robar Hernández e Hijos la casa de filatelia más importante de la ciudad.

Zabaleta: ¿Filatelia?

Ignacio: Sellos, estampillas, monedas antiguas.

Zabaleta: ¿Y cómo saben esto? ¿Hay un informante?

Ignacio: No, está en la pint…

Agustina: ¡Claro que hay un informante! Un informante anónimo.

Zabaleta: ¿Quién es?

Agustina: ¡No lo sabemos! Aún no lo sabemos. Ha llamado

por teléfono... Por favor inspector, tenemos que enviar una patrulla, ¡es en menos de una hora!

Zabaleta: No suena muy fiable...

Agustina: Por favor, señor... ¡es mi cumpleaños!

Vocabulario

convencer to convince
los sellos stamps
las monedas antiguas old coins
el informante anónimo anonymous whistleblower
la patrulla patrol
fiable reliable

31. LA PLAZA MAYOR

Tras la insistencia de la detective Sánchez, el inspector Zabaleta, le da permiso para ir a la Plaza Mayor con una unidad de refuerzo. Agustina e Ignacio se dirigen allí a toda velocidad. En la plaza los esperan los cuatro policías de la unidad de refuerzo.

Ignacio: ¡Cuánta gente hay hoy en la Plaza! Mira, esa es la casa Hernández e Hijos. Es un bonito local antiguo, ¿no crees?

Agustina: Sí, se nota que tienen objetos de valor dentro. ¿Ves a la unidad de refuerzo por algún sitio?

Ignacio: Sí, creo que son esos de allí.

Capitán Ramírez: ¿Detective Sánchez? Soy el oficial Ramírez, este es mi equipo. Me informaron los de la estación de que creen que puede haber un robo en la Plaza.

Agustina: Exacto, oficial. Concretamente sería en la casa de filatelia Hernández e Hijos a las dos y media de la tarde.

Capitán Ramírez: Perfecto, ¿cuál es el plan?

Agustina: Como vosotros vais con uniforme creo que será mejor que os quedéis por aquí cerca listos para entrar en acción si os llamo. El detective Galeano y yo vigilaremos cerca de la entrada.

Capitán Ramírez: ¡Entendido! ¿Todo claro, equipo?

Oficiales: ¡Entendido, capitán!

Vocabulario

la insistencia insistence
dar permiso to give permission
la unidad de refuerzo backup unit
concretamente specifically
vigilar to monitor

32. EL INTENTO DE ROBO

Agustina e Ignacio se pierden entre la muchedumbre de la Plaza cerca de la puerta de la casa de antigüedades, sellos y monedas Hernández e Hijos. Fingen ser turistas, sacando fotos y admirando las fachadas históricas de la Plaza. De repente, cuando se acerca la hora, Ignacio se dirige a la detective Sánchez y le susurra al oído mientras finge sacarse un selfie.

Ignacio: Creo que los veo. ¿Ves esos tres hombres? Van muy abrigados y creo que veo un pasamontañas en el bolsillo de uno de ellos.

Agustina: ¿Te refieres a ese que tiene un brazalete rojo?

Ignacio: Exacto. Están mirando la vidriera de Hernández e Hijos. Avisa al capitán Ramírez.

Agustina [por el walkie-talkie]: Capitán, ¿me oyes?

Capitán Ramírez [por el walkie-talkie]: *Te oigo.*

Agustina [por el walkie-talkie]: Creo que los tenemos identificados, preparaos para entrar en acción.

Ignacio: ¡Mira! Se ponen los pasamontañas, ¡van a entrar!

Agustina: ¡ARRIBA LAS MANOS!

Vocabulario

el intento de robo attempted theft
la muchedumbre crowd
fingir to pretend
sacarse un selfie to take a selfie
susurrar to whisper
avisar to warn, to tell

33. LA DETENCIÓN

Cuando los tres ladrones se ponen los pasamontañas y sacan las armas para atracar el negocio de sellos y monedas antiguas, la detective Sánchez saca su arma y los detiene. Inmediatamente, se acercan los oficiales de la unidad de refuerzo e inmovilizan a los tres criminales en el suelo.

Ladrón 1: Pero, pero, ¿cómo puede ser? ¡No deberían estar aquí!

Ladrón 2: Cállate. Cierra el pico.

Ladrón 1: ¿No lo ves? ¡Nos han traicionado! Ellos no debían estar aquí.

Ladrón 2: ¡Que cierres el pico!

Agustina: ¿Así que estaban dando un paseo por la plaza con pasamontañas y tres armas semiautomáticas?

Ladrón 2: No hablaremos sin un abogado.

Agustina: Vale, no hay ningún problema. Capitán Ramírez, llévalos a la estación de policía.

Capitán Ramírez: Por supuesto, detective.

Vocabulario

atracar to rob
inmovilizar to immobilize
cállate shut up
cierra el pico shut your mouth
traicionar to betray
el abogado lawyer

34. EL SEÑOR HERNÁNDEZ

Tras oír el escándalo en la puerta de su local el dueño, el señor Hernández, sale a ver lo que sucede y agradece en persona a la detective Sánchez.

Señor Hernández: ¿Esos hombres iban a entrar a robar en mi tienda?

Agustina: Así es, señor. Afortunadamente, pudimos detenerlos a tiempo. ¿Tenía algo de valor?

Señor Hernández: Claro, muchas cosas, pero no puede ser casualidad que justamente vengan a robar el día de hoy.

Agustina: ¿A qué se refiere, señor Hernández?

Señor Hernández: Hoy ha llegado a mi tienda uno de los objetos más valiosos que hemos tenido en nuestra historia... el Magenta de 1 centavo de la Guayana Británica.

Agustina: ¿Qué es eso?

Señor Hernández: ¿¡Qué es eso?! Es uno de los tres sellos más valiosos del mundo. Único en su tipo. El coleccionista que era su dueño falleció y sus hijos lo pusieron en venta. Va a subastarse en nuestra casa en una semana.

Ignacio: Solo por curiosidad, señor Hernández. ¿Cuál es el valor de ese sello?

Señor Hernández: Bueno, la base de la subasta va a comenzar en cinco.

Agustina: ¿¡Cinco mil euros por un sello!?

Señor Hernández: Jajaja, muchacha, es usted muy graciosa. ¡Claro que no! ¡Cinco millones!

Vocabulario

el escándalo noise
de valor valuable
la casualidad coincidence
justamente exactly
poner en venta to offer for sale
subastarse to be auctioned
por curiosidad out of curiosity

35. EL REGRESO A LA ESTACIÓN

Una vez que Agustina e Ignacio aseguran al señor Hernández que unos policías harán guardia constante fuera de su local hasta el momento de la subasta regresan a la estación de policía. En el camino hablan sobre el caso.

Agustina: Parece que la pintura estaba en lo cierto.

Ignacio: Esto es increíble. ¿Crees que nos ayudará a prevenir más crímenes?

Agustina: Sí, creo que así será. Pero el misterio más grande sigue siendo otro...

Ignacio: ¿Quién pintó la pintura?

Agustina: No exactamente. Lo que más me intriga no es quién la pintó, sino cómo sabía que un crimen iba a suceder.

Ignacio: ¿Crees que es un criminal arrepentido? ¿Una especie de criminal que descubrió que quiere dedicarse a la pintura?

Agustina: Algo así… Es posible. Sin duda es alguien que tiene acceso a información.

Ignacio: Sin embargo, está eligiendo *darnos* esa información, o al menos colgarla en un museo.

Agustina: Y ahí está el misterio más grande de todos: ¿Por qué lo haría en forma de una pintura?

Vocabulario

asegurar to assure
la guardia watch
estar en lo cierto to be right
prevenir to prevent
arrepentido regretful
una especie de a kind of
dedicarse a to work on

36. LA SALA DE INTERROGATORIOS

El inspector Zabaleta está interrogando a los atracadores en una sala de interrogatorios de la estación de policía. El oficial Pérez está apoyado junto a la puerta. La detective Sánchez e Ignacio se acercan para participar en el interrogatorio.

Agustina: Buenos días, oficial Pérez. ¿Podemos pasar?

Pérez: El inspector Zabaleta ha dado la orden de que no entre nadie por el momento.

Ignacio: Eso es extraño… Ah, ahí sale.

Zabaleta: Bueno muchachos no he podido averiguar demasiado.

Agustina: Nos gustaría hacer algunas preguntas a los atracadores.

Zabaleta: Ya los he interrogado, Sánchez, no están hablando, no sabemos ni siquiera sus nombres.

Agustina: Con todo respeto, jefe, me gustaría hacerles algunas preguntas…

Zabaleta: Mmm… Vale, Sánchez, pero es tu último favor de cumpleaños.

Agustina: Oído, jefe. Serán solo cinco minutos; lo prometo.

Vocabulario

la sala de interrogatorios interrogation room
los atracadores robbers
ni siquiera not even
con todo respeto with all due respect
lo prometo I promise

37. EL INTERROGATORIO

Dentro de la sala de interrogatorios los tres atracadores están sentados uno junto al otro. Ignacio entra después de la detective Sánchez y cierra la puerta.

Ladrón 1: ¿No debería haber un espejo en esta sala para que nos observen y nos escuchen desde el otro lado?

Ladrón 2: ¡Cállate!

Ignacio: ¿Por qué todos preguntan lo mismo? ¡Esto no es una película de Hollywood!

Agustina: Nadie está escuchando lo que decimos. Esta es una habitación normal.

Ladrón 1: Vale, ¿nos vais a interrogar de nuevo?

Agustina: Oye, nosotros hacemos las preguntas aquí, aunque en realidad no os quiero preguntar algo, sino contaros algo… Tengo la sospecha de que hay un informante, un delator, dentro de vuestro grupo de amigos.

Ladrón 1: ¡Lo sabía!

Ladrón 2: ¡Cállate de una vez! No podemos decir una palabra, ¿no te quedó claro?

Ladrón 1: ¿Quién es el delator?

Agustina: No estoy segura, pero puede ser que sea alguien a quien le gusta la pintura.

Ladrón 3: ¿La pintura? ¿Alguien que pinta casas?

Agustina: No, la pintura, los cuadros, el arte, ¿suena familiar?

Vocabulario

uno junto al otro next to each other
en realidad actually
¿no te quedó claro? was that not clear to you?
la sospecha suspicion
el delator whistle-blower

38. AYUDA

Tras salir de la sala de interrogatorios, Ignacio y Agustina regresan al despacho de Agustina donde los espera la pintura.

Agustina: Bueno, la mención de la pintura no generó absolutamente ninguna reacción en ellos.

Ignacio: No creo que hayan pisado un museo en su vida.

Agustina: Parece que esto no lo hizo alguien de su banda… Estamos muy lejos de descubrir la verdad sobre el autor de la pintura… De todas formas, podremos preocuparnos por eso después de asegurarnos de prevenir todos los crímenes que están representados en ella.

Ignacio: Vale, regresemos a las lupas, entonces.

Agustina: Sí, pero será mejor si lo hacemos con ayuda…

Ignacio: ¿Por fin vas a decirle al inspector Zabaleta lo de la pintura?

Agustina: No, creo que será lo mejor dejarlo afuera de esto se está comportando de forma algo extraña hoy. Voy a llamar a Nuria, ella sabe más de arte que nosotros.

Vocabulario

pisar to step on
la banda gang
por fin finally
comportarse to behave

39. ZABALETA LLAMA A LA PUERTA

Agustina e Ignacio, con la ayuda de Nuria, están intentando identificar los sitios y los horarios de los otros cuatro delitos representados en la misteriosa pintura. Nuria anota todo en un cuaderno mientras descubren indicios y pistas en los distintos elementos del cuadro.

Nuria: Vale, entonces tenemos un paquete extraño que llegará a la estación de tren de Chamartín a las cuatro de la tarde, un robo a una joyería en el barrio Malasaña a las cinco y media...

Agustina: Y una venta de drogas en Lavapiés a las siete de la tarde. En cuanto a la quinta escena... no termino de descifrar qué es lo que sucede.

Ignacio: Estas personas de aquí parecen preocupadas, pero no parecen criminales.

Agustina: Y ahí hay una casa con una ventana abierta, pero no se ve nada en el interior.

Zabaleta: Toc, toc, toc. Buenas tardes.

Agustina: Jefe, ¿en qué podemos ayudarte?

Zabaleta: Tengo una pregunta... Un momento, ¿qué estáis haciendo?

Ignacio: Estamos intentando descifrar...

Agustina: Pensamos que quizá sea una falsificación, por eso Nuria nos está ayudando a analizar el cuadro.

Zabaleta: Vale… quería saber una cosa, ¿has podido averiguar algo de ese informante que avisó sobre el robo en la casa de sellos?

Agustina: No… sí, llamó de un teléfono público del centro. Imposible localizarlo.

Zabaleta: Vale, avísame si vuelve a llamar o si averiguas algo más.

Agustina: Oído, jefe.

Vocabulario

los indicios signs
el barrio neighborhood
descifrar to decipher
toc, toc knock-knock
volver a llamar to call again

40. EL QUINTO CRIMEN

Cuando Zabaleta se marcha del despacho de la detective Sánchez, Agustina, Ignacio y Nuria vuelven a tratar de descifrar el quinto crimen que aparece en la pintura.

Ignacio: Bueno, entonces tenemos una ventana abierta, un grupo de personas muy preocupadas, ¡hay una que está llorando!

Nuria: ¿Y qué hay de este coche? Dentro se ve la hora en el tablero, indica las 20:30. Hay una persona dentro.

Ignacio: ¿Cómo sabes que hay solo una persona?

Nuria: ¿No lo ves? Solo está el conductor dentro del coche.

Ignacio: Podría haber alguien más, dentro del maletero…

Agustina: Ignacio, ¡tienes razón! Mira, hay un osito de peluche enganchado en la puerta del maletero.

Nuria: ¿Quieres decir que…?

Agustina: Sí, ¡es un secuestro! La ventana abierta de la casa es la del cuarto del niño o la niña, las personas preocupadas son los vecinos y la familia que se acaban de dar cuenta de su ausencia. ¡Maldición! ¡Tengo que hacer una llamada urgente!

Ignacio: ¿A quién?

Agustina: A Nancy, la niñera de Mateo. Hoy no volveré a casa hasta muy tarde…

Vocabulario

el tablero dashboard
el conductor driver
el maletero trunk
enganchado hooked
la ausencia absence

41. LA ESTRATEGIA

Agustina, Ignacio y Nuria deben idear un plan sobre cómo prevenir los crímenes de los que el cuadro les ha advertido.

Ignacio: Vale, deberíamos hablar con Zabaleta, ¿te parece? Así podremos asignar una patrulla a cada caso.

Agustina: De hecho… Creerás que estoy loca, pero creo que no deberíamos contarle a Zabaleta nada sobre esto. Se está comportando de forma extraña. Además, mientras menos gente se entere del asunto más probable es que los criminales tampoco se enteren de nada.

Ignacio: No creo que estés loca, de hecho, estoy de acuerdo. Vale, entonces vamos a encargarnos nosotros dos.

Nuria: ¡Oye, yo también puedo ayudar!

Agustina: Nuria, esto puede ser peligroso.

Nuria: También fue peligrosa aquella vez que detuvimos el robo de los dibujos de Goya. Aquel hombre tenía un arma, ¿lo recuerdas?

Agustina: Justamente, ¿estás segura de que quieres ponerte en peligro?

Nuria: Estaré bien. Solo me mantendré cerca por si necesitáis ayuda.

Agustina: Vale. Los dos próximos crímenes son muy pronto y ocurrirán en horarios similares, por lo que deberíamos dividirnos. Yo y Nuria iremos a la estación de tren de Chamartín para ver si encontramos ese paquete sospechoso que llegará a las cuatro, mientras que Ignacio irá a la joyería por el robo de las cinco y media. Ignacio, intenta obtener ayuda de la patrulla local… ¡y ten cuidado!

Ignacio: Vosotras también.

Vocabulario

idear un plan to come up with a plan
¿te parece? is that OK for you?
asignar to assign
deberíamos dividirnos we should split up
¡ten cuidado! be careful!

42. EN CHAMARTÍN

En la enorme y abarrotada estación de tren de Chamartín, Agustina y Nuria monitorean la pantalla de llegadas esperando que se anuncie en qué plataforma llegará el tren desde Barcelona de las cuatro y media.

Nuria: ¡Ahí está, en la pantalla dice que el tren llegará al andén número once!

Agustina: Es en el otro extremo de la estación, ¡tenemos que correr!

Nuria: ¡Vamos!

Agustina: Voy a hablar con los encargados de seguridad para que pongan un control de equipaje.

Nuria: Tenemos que darnos prisa el tren llega en solo cinco minutos. Mira, ahí hay un oficial de seguridad.

Agustina: Buenas tardes señor, soy la detective Sánchez, de la estación central de policía.

Oficial de seguridad: Buenas tardes, detective, ¿cómo puedo ayudarle?

Agustina: Tenemos motivos para creer que en este tren desde Barcelona llegará un paquete con sustancias ilegales. ¿Podemos instalar con urgencia un control de equipaje?

Oficial de seguridad: ¡Por supuesto! Normalmente no hacemos controles de seguridad para este tren, pero dadas las circunstancias pondré a todo el equipo en ello.

Agustina: Muchas gracias.

Vocabulario

enorme huge
abarrotada crammed
el andén railway platform
en el otro extremo de la estación at the other end of the station
dadas las circunstancias given the circumstances

43. EL CONTROL DE EQUIPAJES

El equipo de seguridad de la estación de tren de Chamartín ha instalado un control de equipajes. Cuando llega el tren desde Barcelona todos los pasajeros deben hacer una larga fila y mostrar los contenidos de sus equipajes uno por uno. No encuentran nada extraño hasta que una mujer con un pañuelo rojo en la cabeza abre su bolso...

Oficial de seguridad: ¡Aquí tenemos algo! Es un paquete de polvo blanco.

Agustina: Vamos a ver, ¿qué es este paquete?

Oficial de seguridad: Señora, ¿qué lleva aquí?

Mujer del pañuelo rojo: No es nada, es sacarina.

Agustina: ¿Sacarina? Esto no es sacarina... pero tampoco parece ser droga... Tiene una etiqueta, pero está en chino. Oficial, ¿alguien de su equipo habla chino?

Oficial de seguridad: No, pero uno de los dependientes de los estancos de la estación es chino, mi amigo Alan. Lo traeré de inmediato.

Vocabulario

hacer fila to stand in line
el pañuelo scarf, head scarf
polvo blanco white powder
la etiqueta label
el dependiente clerk
el estanco tobacconist shop

44. LA SUSTANCIA EXTRAÑA

El oficial vuelve a los pocos minutos con Alan, su amigo chino que trabaja dentro de la estación de Chamartín en uno de los estancos. La mujer del pañuelo rojo parece muy nerviosa. Alan saluda a la detective Sánchez y a Nuria y lee la etiqueta del paquete sospechoso. Cuando lee lo que dice, ¡se horroriza!

Alan: ¡No lo puedo creer! ¡Es horrible!

Agustina: ¿Qué dice la etiqueta?

Alan: Dice "cuerno de rinoceronte negro".

Agustina: ¡¿Qué?! ¿La especie de rinoceronte que se extinguió hace un par de meses porque los mataban por sus cuernos?

Alan: Exacto… ¡esto es terrible! Debe valer una fortuna… pero lo peor es que ha muerto un animal en extinción. En la medicina china muchos creen que tiene propiedades curativas. Yo creo que es horrible que maten animales por esto.

Mujer del pañuelo rojo: ¡Yo no sabía nada! Me lo dio un amigo… me dijo que era sacarina. Debía llevarselo a un amigo suyo aquí en Madrid.

Agustina: Guarda tu historia para el interrogatorio. Esta es una sustancia ilegal y es muy probable que vayas a la cárcel… Gracias por tu ayuda, Alan.

Alan: No hay de qué, detective.

Vocabulario

horrorizarse to be horrified
el cuerno horn
extinguirse to become extinct
las propiedades curativas healing properties

45. EL ROBO DE LA JOYERÍA

Agustina y Nuria salen de Chamartín y se llevan a la mujer del pañuelo rojo a la comisaría. De camino hablan con Ignacio para que le cuente cómo progresa el robo de la joyería.

Agustina: Ignacio, ¿cómo ha ido eso?

Ignacio: Bien, acabamos de subir a los ladrones a la patrulla y van a salir para la comisaría. Sin embargo…

Agustina: ¿Qué? ¿Qué ha sucedido?

Ignacio: Bueno, me ha costado un poco conseguir que la patrulla local me ayudara. Al principio decían que la joyería no estaba en la calle que les tocaba patrullar hoy… Hasta que les advertí que si robaban la joyería ellos serían los responsables. Entonces comenzaron a colaborar.

Agustina: Vale, eso sí es extraño. ¿Sabes qué? Será mejor que no los lleves a la estación central. Mejor llévalos a la estación de policía del barrio. ¿Te parece bien?

Ignacio: Entendido.

Agustina: Y luego ve directamente a Lavapiés, tenemos que detener la venta de droga.

Vocabulario

la comisaría police station
de camino on the way
me ha costado un poco conseguir que la patrulla local me ayudara it took me a bit to get the local patrol to help me
les tocaba patrullar it was their turn to patrol

46. LA VENTA DE DROGAS

Agustina y Nuria están en el coche de Agustina. Desde lejos observan cómo Ignacio está de pie en una esquina oscura.

Nuria: No entiendo, ¿qué está haciendo?

Agustina: No hace nada.

Nuria: ¿Nada?

Agustina: Exacto. En estos casos, lo mejor es ir al sitio donde sabes que alguien estará distribuyendo droga y quedarte allí. En algún momento un narcotraficante se acercará y te ofrecerá, sobre todo si eres un hombre joven, ya que son su principal mercado.

Nuria: Es terrible.

Agustina: Sí, de verdad que es horrible. La droga es terrible de por sí, pero, además son muy dañinas las sustancias que le añaden para aumentar su volumen. Muchos jóvenes mueren todos los días por esto… Mira, ¡ahí se acerca alguien!

Nuria: Está hablando con Ignacio.

Agustina: Presta atención a lo que Ignacio hará cuando el hombre le dé la mano.

Nuria: ¡Lo ha esposado! ¡Y qué rápido lo ha hecho!

Agustina: ¡Ignacio es el más rápido de Madrid con esas esposas! Quédate aquí. Voy a ayudarlo.

Vocabulario

de pie standing
distribuir to distribute
el mercado market
aumentar to increase
esposar to handcuff

47. EL SECUESTRO

Agustina, Ignacio y Nuria ya han prevenido cuatro de los cinco crímenes representados en la misteriosa pintura que apareció en El Prado. Solo queda el último de los crímenes. Creen que será un secuestro a las ocho y media de la noche, pero no conocen la dirección exacta. Solo han podido identificar que será en el barrio de Las Letras.

Agustina: Son las ocho y veinticinco. Me estoy preocupando. ¿Vosotros veis algo?

Ignacio: Nada. Menos mal que nos daremos cuenta enseguida de cuál es el coche porque por aquí no se permite el tránsito de automóviles.

Ignacio: ¿Eso es una escalera?

Agustina: ¡Es cierto! ¿Qué hace esa escalera contra esa casa? ¿La ventana está abierta? Bajemos, vamos a tocar el timbre de esta casa.

Nuria: Vale, yo bajo contigo… Mirad, ¡por ahí se va un coche muy rápido!

Ignacio: ¡Quedaos aquí! Voy a seguirlo.

Vocabulario

me estoy preocupando I'm getting worried
menos mal fortunately
no se permite is not allowed

48. EL GRITO

En el momento en el que Ignacio sale persiguiendo al auto se escucha un grito desde el interior de la casa en la que Agustina y Nuria iban a tocar el timbre. Segundos después, ven a una mujer asomarse por la ventana abierta. Luego la mujer baja y abre la puerta.

Mujer: ¡Mi niña! ¡Mi niña! ¿Dónde está mi niña? ¿Por qué hay una escalera junto a su ventana?

Agustina: Señora, somos de la policía. Soy la detective Sánchez. Nos hemos parado aquí porque hemos visto la escalera. Mi compañero está persiguiendo a un coche que ha salido muy rápido. Debemos esperar.

Mujer: ¡No es posible! ¡¡Mi niña!!

Agustina: Señora, perdone que le pregunte esto, pero ¿es posible que la hayan secuestrado? ¿Son una familia con mucho dinero o con algún enemigo?

Mujer: Enemigos no, pero no voy a negar que somos adinerados. Además, mucha gente está al tanto de mi buena situación económica porque tengo un trabajo de alto rango… soy la presidenta de una empresa de tecnología.

Agustina: Vale, señora. Haremos todo lo posible por encontrar a su niña. Ahí viene mi compañero.

Vocabulario

perseguir to chase
asomarse por la ventana to look out the window
el enemigo enemy
adinerado wealthy
estar al tanto to be aware

49. EL REGRESO DE IGNACIO

Ignacio regresa en su coche. Sin embargo, viene solo.

Ignacio: ¡Agustina! Tenemos que llamar a la estación. Se han escapado. Los perseguí, pero no tuve oportunidad de seguirles el rastro. Iban con mucha distancia a gran velocidad y los perdí.

Mujer: ¡Nooo! ¡Mi niña!

Ignacio: Lo lamento, señora. Pero le aseguro que recuperaremos a su hija. He podido memorizar la matrícula del automóvil, además del modelo y el color. Probablemente lo hayan robado, pero es un buen inicio.

Mujer: Por favor, ¡recuperad a mi hija!

Agustina: Lo haremos. Nuria, quédate con la señora. Iré al automóvil a pedir refuerzos.

Vocabulario

seguirle el rastro a to trace someone
a gran velocidad at high speed
la matrícula del automóvil car license plate
¡recuperad a mi hija! get my daughter back!

50. EN LA ESTACIÓN

Una vez llegaron los refuerzos a la casa de la mujer, Agustina, Ignacio y Nuria regresan a la estación central por pedido expreso de Zabaleta. Cuando Agustina entra en su despacho Zabaleta está ahí, esperándola. Parece muy enfadado.

Zabaleta: ¿Un robo a una joyería? ¿Un paquete sospechoso en Chamartín? ¿Una venta de drogas? ¡Un secuestro! Habéis estado todo el día actuando a mis espaldas. ¿Qué sucede?

Agustina: Lo sentimos, Zabaleta, recibimos más información del informante anónimo y decidimos actuar sin decírselo a nadie porque sospechamos de alguien en esta estación. Lamentamos no habértelo dicho.

Zabaleta: Mira, Sánchez, *necesito* saber quién es ese informante.

Agustina: ¡No lo sabemos! En serio, Zabaleta. Es un informante completamente anónimo.

Zabaleta: ¿Pero no habés podido rastrear sus llamadas? No hay duda de que es un criminal, un líder mafioso o alguien metido en cosas muy sucias para enterarse de todos los crímenes de Madrid.

Agustina: Es que... no hemos rastreado sus llamadas porque... no ha llamado.

Vocabulario

por pedido expreso de as a specific request from
a mis espaldas behind my back
rastrear to track
el líder mafioso mafia leader

51. LA VISITA INESPERADA

Cuando Zabaleta y Agustina están discutiendo sobre el informante anónimo que les ha avisado sobre los crímenes, alguien llega al despacho de Agustina.

Mateo: ¡Mamá!

Agustina: ¡Hijo! ¡Qué agradable sorpresa! ¿Qué haces aquí? ¿Estabas paseando con Nancy?

Nancy: Buenas tardes, Agustina. Estábamos volviendo del cine y pasábamos justo por el barrio, Mateo me pidió que entráramos, espero que no te moleste.

Agustina: Claro que no. De todas formas ya iba a irme a casa, ¡son más de las nueve! ¿Qué te parece si vamos a cenar y a dormir, hijo?

Mateo: ¡Sería genial!

Agustina: Puedes irte a casa, Nancy. Yo me encargo.

Nancy: Vale, ¡hasta luego!

Mateo: ¡Adiós, Nancy! ¡Te quiero! ¿Qué es ese cuadro, Mamá? Es muy bonito…

Agustina: Puedes mirarlo mientras termino de hablar con mi jefe, Mateo.

Vocabulario

la visita inesperada unexpected visit
espero que no te moleste I hope it doesn't bother you
de todas formas ya iba a irme a casa I was going to go home anyway

52. ZABALETA SE DA CUENTA

Zabaleta y la detective Sánchez terminan su conversación sobre los casos del día, mientras tanto, Mateo observa el cuadro del museo.

Agustina: Vale, Zabaleta, ¿cómo va el trabajo de la brigada antisecuestros?

Zabaleta: Trabajarán duro toda la noche, pero dudo que sepamos algo de los secuestradores hasta mañana. Ya han podido averiguar algo sobre el coche que persiguió Ignacio; es robado.

Agustina: Me lo imaginaba. Bueno, volveré mañana.

Zabaleta: No creas que he olvidado el asunto del informante, Sánchez. Mañana tengo compromisos por la mañana, pero apenas llegue, a eso del mediodía, tendremos una buena charla.

Agustina: Vale, oído, jefe.

Mateo: Mamá, se parece a mis libros de "¿Dónde está Wally?".

Agustina: Sí, hijo, exacto.

Mateo: Ya he encontrado a todos los malos. Agustina: Eh, vale, hijo, después hablamos.

Zabaleta: ¿Cómo…? ¿A qué te refieres con todos los malos, Mateo?

Mateo: ¡Todos los malos tienen un pañuelo rojo!

Zabaleta: Era el cuadro… Sánchez, ¿quién ha pintado este cuadro?

Agustina: Ya te lo dije, jefe, apareció en El Prado. Estamos intentando averiguarlo.

Zabaleta: Vale. Tengo que irme. Hablamos mañana.

Mateo: ¡Adiós, jefe!

Vocabulario

la brigada antisecuestros anti-kidnapping squad
robado stolen
me lo imaginaba I thought so
tener compromisos to have appointments

53. LOS PAÑUELOS ROJOS

Cuando Zabaleta se marcha, Agustina se pone a mirar el cuadro detenidamente. Después de un rato, llama a Ignacio y Nuria que estaban en el despacho de Ignacio.

Agustina: Mateo ha descubierto algo, ¿no es cierto, hijo?

Ignacio: ¡Hola, Mateo!

Mateo: Hola, Nacho. Sí, he descubierto algo, ¡soy un detective, como vosotros!

Agustina: ¿Por qué no dices a Ignacio y a Nuria qué has descubierto cuando mirabas el cuadro, hijo?

Mateo: Estaba mirando el cuadro que se parece mucho a mis libros de "¿Dónde está Wally?", y me di cuenta de que había muchos malos. Los encontré muy rápido porque todos tienen un pañuelo rojo.

Nuria: ¡Dios mío! ¡Es cierto! ¿Cómo no nos hemos dado cuenta antes?

Ignacio: ¿Qué significa esto?

Agustina: Puede significar dos cosas: o que todos estos criminales son de la misma banda… o que alguien les esté dando los pañuelos como identificación para protegerse.

Nuria: No entiendo, ¿cómo funciona eso?

Agustina: No sería la primera vez. Generalmente, se trata de corrupción policial. Un policía corrupto ofrece protección a los criminales a cambio de dinero. La identificación, en este caso, el pañuelo, es para que las patrullas, que también cobran su parte, no disparen ni persigan a los criminales.

Vocabulario

detenidadmente carefully
protegerse to protect oneself
¿cómo no nos hemos dado cuenta antes? how come we didn't notice before?
cobrar su parte to collect their share (of the cash)
disparar to shoot

54. EL SOSPECHOSO

Agustina, Ignacio, Nuria y Mateo están en el despacho de Agustina hablando sobre los pañuelos rojos que identifican a los criminales de la pintura.

Ignacio: Un momento... ¿estás desconfiando de Zabaleta?

Agustina: ¡Lamentablemente, sí!

Nuria: ¡No! ¿Tú crees?

Agustina: Sinceramente, no me gustaría que fuera cierto, pero se ha estado comportando de forma muy extraña durante todo el día... Sobre todo hace un rato cuando Mateo dijo lo de los pañuelos. Antes parecía muy interesado en saber más sobre el informante; cuando se dio cuenta de que todo estaba en la pintura, sin embargo, simplemente se fue, no preguntó nada sobre los pañuelos, como si ya supiera qué significan.

Ignacio: Quizá no es él el corrupto, pero está protegiendo a un amigo.

Agustina: Puede ser...

Mateo: Mamá... tengo sueño.

Agustina: Vale, vamos a casa, hijo. Ignacio, Nuria, id a casa. Mañana seguiremos con esto.

Ignacio: Vale, avísanos si averiguas algo más.

Agustina: Por supuesto, vosotros también.

Vocabulario

desconfiar to distrust
hace un rato a while ago
como si ya supiera as if he already knew
tener sueño to be sleepy

55. LAS BUENAS NOCHES

Agustina se va a casa con su hijo Mateo. Después de prepararle la cena y darle un baño, lo acuesta en la cama.

Agustina: ¿Quieres uno de tus libros?

Mateo: No gracias, Mamá. Estoy cansado.

Agustina: Vale, hijo. Ha sido un día largo para ambos.

Mateo: Mamá, ¿puedo hacerte una pregunta?

Agustina: Sí, claro, lo que quieras.

Mateo: ¿Tu jefe es malo?

Agustina: No lo sé, hijo. De todas formas, recuerda que todo lo que oyes en el despacho de mamá es completamente confidencial… ¿sabes qué significa la palabra *confidencial*?

Mateo: No, ¿qué significa?

Agustina: Significa que es algo secreto, que no puedes decirle a nadie.

Mateo: Vale… ¿pero es malo?

Agustina: Pronto lo sabré, hijo, pronto lo sabré. Ahora, ¡a dormir!

Mateo: Vale. Buenas noches, Mamá. Te amo.

Agustina: Yo también te quiero, hijo mío. Buenas noches.

Vocabulario

ambos both
completamente completely

56. ADAM LLAMA DE NUEVO

Después de que Mateo se quedara dormido, Agustina volvió a la sala, donde se sentó a tomar un té. De pronto, la sorprendió una llamada telefónica.

Agustina: Hola, ¿quién es?

Adam: Hola, Agustina. Soy yo, Adam.

Agustina: Hola, Adam. ¿Te has enterado de todo lo que nos ha pasado hoy?

Adam: Sí, acabo de hablar con Nuria, me lo ha contado todo.

Agustina: ¿Qué piensas del asunto?

Adam: Creo que la idea de la corrupción policial tiene sentido... Yo también he averiguado algunas cosas.

Agustina: ¿Qué es lo que sabes?

Adam: Bueno, para empezar, varios testigos de crímenes violentos de los últimos años han visto los pañuelos rojos. Hemos revisado archivos de periódicos y, la mayoría de estos crímenes, casualmente, sucedían en sitios donde normalmente había control policial pero que, por algún motivo, en ese momento no se hallaba allí.

Agustina: O sea, que es algo que ha estado sucediendo delante de nuestras narices desde hace tiempo.

Adam: Sí, solo que ahora alguien te ha avisado…

Vocabulario

quedarse dormido to fall asleep
los testigos witnesses
la mayoría the majority
casualmente casually
delante de nuestras narices in front of us

57. LA CONVERSACIÓN CON ADAM

La detective Sánchez habla con Adam por teléfono. El hombre, miembro de una sociedad de investigadores privados, está colaborando con el caso porque es amigo de Nuria y Alicia.

Adam: He estado buscando entre todos los archivos de galerías y museos, y no puedo encontrar a nadie que pinte como el artista de la pintura misteriosa.

Agustina: Puede que sea alguien que no haya mostrado ningún cuadro al mundo aún, ¿no te parece?

Adam: Es posible. De todas formas, la técnica es muy buena. Definitivamente es alguien con formación artística.

Agustina: Lo tendré en cuenta. Aun así, ahora me preocupa más saber quién es el que está protegiendo esos crímenes… y lo que más me preocupa es esa pequeña niña. Ojalá hubiéramos llegado un minuto antes.

Adam: Estoy seguro de que todo saldrá bien. Solo debemos seguir trabajando…

Vocabulario

la sociedad society
la formación artística art education
tener en cuenta to keep in mind
ojalá if only, hopefully

58. PASOS A SEGUIR

Agustina y Adam siguen hablando sobre el misterio de la pintura y sobre las siguientes acciones que deberán llevar a cabo para resolverlo. Además, la detective Sánchez hace una confesión.

Adam: Bueno, si no te molesta que te pregunte, Agustina, ¿qué piensas hacer a continuación?

Agustina: No se lo he dicho a Ignacio y a Nuria, porque sé que me habrían querido convencer de que no lo hiciera, pero mañana... voy a seguir a mi jefe.

Adam: ¿Vas a seguir al inspector Zabaleta?

Agustina: Sí, dijo que tiene cosas que hacer por la mañana. Quiero saber a dónde va a ir.

Adam: Agustina, ¿puedo hacerte una pregunta?

Agustina: Claro.

Adam: ¿Por qué me cuentas todo esto? ¿Por qué confías en mí?

Agustina: Adam... yo soy detective. Sé lo de El Club de los Historiadores hace años.

Adam: ¿Sabes lo de nosotros?

Agustina: Claro, y lo sé todo sobre ti, Adam... 'El hombre del sombrero'.

Vocabulario

llevar a cabo to carry out
a continuación next
convencer to convince
los historiadores historians

59. EL SEGUIMIENTO DE ZABALETA

Al día siguiente, la detective Sánchez va temprano a la zona por donde vive su jefe, el inspector Zabaleta, para seguirlo cuando salga de su casa. Sin embargo, mientras espera en su coche aparece alguien que no esperaba ver.

Lucas: ¡Detective Sánchez! ¿Eres tú?

Agustina: ¡Ah! Lucas, me has asustado. No esperaba verte aquí.

Lucas: Vivo aquí, en esa casa. Un momento… ¿esperabas a mi padre?

Agustina: Eh… sí, estaba esperándolo para hablar con él un rato antes de ir a la oficina.

Lucas: Suena a algo confidencial, no haré más preguntas.

Agustina: ¿A dónde vas tú tan temprano? ¿Ya vas al museo?

Lucas: No, no voy al museo hasta el mediodía. Ahora tengo una clase en la universidad. Ahí viene mi autobús, ¡hasta luego!

Agustina: ¡Adiós! Que tengas un buen día.

Vocabulario

el seguimiento tracking
la zona zone
no esperaba verte aquí I didn't expect to see you here
un rato a while

60. EL EDIFICIO EN CONSTRUCCIÓN

Cuando Lucas se marcha, la detective Sánchez ve al inspector Zabaleta saliendo de su casa. Lo sigue en su coche durante un buen rato hasta que llegan a un edificio en construcción. A una distancia prudencial lo sigue y entra en el edificio donde lo escucha hablar con alguien.

Zabaleta: Ella no sabe quiénes están involucrados, pero creo que está cerca... alguien le está dando información.

Hombre 1: ¡No es nadie de los nuestros! Tiene que ser alguien de tu departamento.

Zabaleta: Por supuesto que no. Todos mis hombres son de confianza... Es alguien que ha pintado un cuadro.

Hombre 2: ¿Qué hay de él?

Zabaleta: Él, sobre todo, es de confianza.

Hombre 1: ¿Por qué nunca lo hemos visto antes por aquí?

Zabaleta: Porque acaba de unirse a nuestra causa, pero confiad en él... Vale, hablemos de negocios. Aquí están los pañuelos. No olvidéis llevarlos en un lugar visible... Me aseguraré de que el área esté libre a las tres y media del día ocho de octubre.

Hombre 2: Perfecto... ¿Qué es ese ruido?

Zabaleta: ¿Hay alguien ahí?

Vocabulario

durante un buen rato for a long while
la distancia prudencial safe distance
involucrado involved
de confianza realiable

61. INTENTO DE ESCAPE

La detective Sánchez logra entrar en el edificio antes de que la vean, pero los delincuentes y los policías corruptos le pisan los talones. Cree que logrará escapar al salir por una escalera de emergencia, pero la puerta está bloqueada. Los criminales se acercan. La detective Sánchez sale por una ventana. No tiene dónde ir…

Zabaleta: ¿Dónde te has metido? Tú, ve a buscar afuera ahora mismo.

Hombre 1: ¿Has podido ver quién era?

Zabaleta: No, no llegué a verlo. ¿Tú?

Hombre 1: Tampoco. No puede estar muy lejos… No hay salida por aquí.

Zabaleta: ¡PUES BUSCAD MEJOR, ENTONCES! Si esa persona ha escuchado lo que estábamos hablando, ¡se acabó todo! Así que mejor que la encontréis… Y si lo hacéis… ¡Ojalá sepáis qué hacer!

Vocabulario

logra entrar manages to enter
los delincuentes offenders
le pisan los talones are close behind her
bloqueada blocked
ahora mismo right now

62. EL RESCATE

Agustina está atrapada en el exterior de una ventana donde el inspector Zabaleta y los delincuentes no pueden verla. Está en un tercer piso por lo que no tiene forma de saltar hasta la calle sin hacerse daño. Parece que están a punto de encontrarla... cuando oye que alguien la llama desde abajo.

Ignacio: Pssst, pssst.

Agustina: Ignacio... shhh... ¿qué haces ahí abajo?

Ignacio: Luego te lo explico. Mira... voy a intentar subir este andamio hasta donde estás.

Agustina: ¿Qué andamio?

Ignacio: Este. Tiene algunos botes de pintura... seguramente lo hayan usado los pintores... ¡Alguien está abriendo la ventana! ¡Sube! ¡RÁPIDO!

Hombre 2: ¡Mirad! ¡Alguien está escapando por ese andamio!

Hombre 1: Jefe, ¿disparamos?

Zabaleta: Déjadla ir. ¡Nunca tendrá las pruebas suficientes para incriminarme!

Vocabulario

atrapada trapped
hacerse daño to get hurt
andamio scaffold
las pruebas evidences

63. LA HUIDA

Agustina baja rápidamente del andamio cuando está a menos de un metro del suelo. Huye junto a Ignacio hasta su coche que está aparcado a la vuelta de la esquina.

Ignacio: ¿Crees que te han visto?

Agustina: Definitivamente no me han visto la cara... pero es posible que Zabaleta me haya reconocido... Un momento, ¿qué hacías tú ahí?

Ignacio: Estaba siguiendo a Zabaleta... como tú. Me imaginé que harías algo como esto, por eso te seguí.

Agustina: Bueno, la próxima vez avísame... puedes venir conmigo. De todas formas, ¡gracias!

Ignacio: ¿Qué has podido averiguar?

Agustina: Muchas cosas... muchas cosas terribles.

Vocabulario

la huida escape
huir to escape
a la vuelta de la esquina around the corner

64. EN EL COCHE

De camino a la comisaría Agustina le explica a Ignacio todo lo que ha oído en el edificio en construcción.

Ignacio: ¡No puedo creer que nuestro jefe sea corrupto! Entonces él es quien está entregando esos pañuelos rojos a los criminales…

Agustina: Exacto. Es una forma de marcar a los que han pagado protección policial. Así, cuando los policías los ven, saben que no deben detenerlos, ni atraparlos, ni disparar.

Ignacio: ¿Cómo es posible que nunca hayamos oído hablar de esto?

Agustina: Zabaleta sabe que no somos corruptos. Nunca se habría arriesgado a proponernos ser parte de esto.

Ignacio: ¿Tienes idea de quién era ese otro policía que estaba con él?

Agustina: No, no abrió la boca y no pude asomarme para verle la cara. De todas formas, podría ser cualquiera.

Ignacio: ¿Y ahora qué hacemos?

Agustina: Ahora tenemos que conseguir pruebas para poder acusarlo.

Vocabulario

en construcción under construction
entregar to give
arriesgarse a to run the risk of
promoner to propose
conseguir pruebas gather evidence

65. EL SECRETO EN LA PINTURA

Cuando llegan a la comisaría, la detective Sánchez corre con Ignacio a su despacho. Mira la pintura.

Ignacio: ¿Qué buscas?

Agustina: Estoy segura de que hay algo más aquí que no hemos visto aún.

Ignacio: ¿Qué crees que es?

Agustina: No lo sé… Una pista… un detalle… un personaje que no hemos visto…

Ignacio: ¿Qué esperas? ¿Encontrar a Zabaleta recibiendo un soborno en el medio del cuadro?

Agustina: Bueno… no es mala idea. ¿Este no se parece a él?

Ignacio: Es cierto. No está recibiendo un soborno… simplemente está ahí de pie…

Agustina: Si te fijas bien. ¿No notas algo extraño en su ropa? ¿Como si tuviera algo en el bolsillo? Tiene un relieve distinto al resto de los personajes.

Ignacio: ¿Crees que puede haber algo debajo de la pintura?

Agustina: Vamos a ver. ¡Necesito un detector de metales!

Vocabulario

la pista clue
el soborno bribery
el relieve relief
el detector de metales metal detector

66. LA TARJETA DE MEMORIA

Después de que Ignacio vaya corriendo a buscar un detector de metales la detective Sánchez lo pasa lentamente sobre la superficie del cuadro. Efectivamente, cuando pasa sobre el personaje que se parece a Zabaleta, el detector hace un ligero "pip".

Agustina: Aquí hay algo, sin duda. ¿Tienes un cuchillo?

Ignacio: Claro, tengo mi navaja.

Agustina: Préstamela un minuto.

Ignacio: Claro, toma.

Agustina: Ahora, con cuidado, intentaré sacar lo que hay aquí dentro…

Ignacio: Cuidado, podrías romperlo…

Agustina: ¡Listo, lo encontré!

Ignacio: ¿Qué es eso?

Agustina: Esto es… ¡una tarjeta de memoria! Y te apuesto cincuenta euros que aquí dentro están todas las pruebas que estábamos esperando.

Vocabulario

la tarjeta de memoria memory card
la superficie surface
la navaja knife
te apuesto I bet you

67. LOS ARCHIVOS

La detective Sánchez acaba de encontrar una tarjeta de memoria oculta bajo la pintura de El Prado. Rápidamente la coloca en un lector y la abre en su ordenador.

Agustina: Hay decenas de archivos.

Ignacio: ¿Qué son?

Agustina: Parece que son archivos de audio. Escuchemos uno...

Zabaleta [grabación]: Mi equipo liberará la zona un rato antes de las dos y media para que llevéis adelante el trabajo con libertad. No olvidéis que es una zona muy turística no quiero heridos.

Hombre [grabación]: Oído, jefe. Solo tomaremos el sello y saldremos de allí volando. No habrá inconvenientes.

Ignacio: Parece que hablan del robo a la casa de sellos...

Agustina: Sí, eso es. El archivo se llama "1209-1430"... Doce, cero nueve. ¡Es la fecha del robo! Y catorce treinta es la hora. Hay otros con la misma fecha... deben ser los otros crímenes. Pero mira, hay mucho más. Tenemos pruebas de muchos otros crímenes coordinados con la policía. Vamos a tener que oírlos todos...

Vocabulario

oculta hidden
el lector reader (device)
hay decenas de archivos there are dozens of files
la grabación recording
el inconveniente issue

68. ¿QUIÉNES SON LOS SECUESTRADORES?

La detective Sánchez está a punto de ponerse a escuchar los audios que ha encontrado en la tarjeta de memoria. Sin embargo, Ignacio la detiene. Parece muy preocupado.

Ignacio: Espera, antes de escuchar todo esto, ¿no crees que deberíamos concentrarnos en el secuestro? ¿Quién sabe donde está esa niña?

Agustina: Por supuesto, tienes toda la razón del mundo. Mira, este debe ser el archivo. Tiene la fecha y hora correctas.

Ignacio: Vale, escuchemos a ver qué dice.

Agustina: Vale.

Zabaleta [grabación]: Bien, debe ser precisamente a las ocho y media.

Hombre [grabación]: Sabes que me cuesta ser puntual…

Zabaleta [grabación]: Rosco, esto es serio. Solo puedo asegurarte un tiempo de unos cinco minutos.

Hombre [grabación]: Vale, vale. Será a las ocho y media, no te preocupes.

Agustina: ¿Has oído eso?

Ignacio: ¿El qué?

Agustina: ¿Dijo 'Rosco'?

Vocabulario

ella está a punto de ponerse a escuchar los audios she is about to start listening to the audios
tienes toda la razón del mundo you are absolutely right
me cuesta ser puntual it's difficult for me to be on time

69. ROSCO

Agustina e Ignacio están escuchando el archivo de sonido donde se escucha cómo el inspector Zabaleta negocia con los secuestradores que se llevaron a la niña en Las Letras. Agustina ha oído algo en la grabación que le ha llamado la atención, por lo que la vuelven a reproducir...

Agustina: Sí, dice 'Rosco'.

Ignacio: ¿Quién es Rosco?

Agustina: Eres muy joven… Fue un caso de hace unos quince años. Roberto Castillone, conocido por todos como 'Rosco', era un delincuente de esos que aman la diversidad…

Ignacio: ¿La diversidad?

Agustina: Claro, él y sus compinches cometían crímenes de lo más diversos: juegos ilegales, tráfico de drogas, contrabando, extorsiones y, también, secuestros. Una vez le pagaron por secuestrar a la novia de un político importante y, cuando vio la cantidad de dinero que podía obtener de los secuestros, comenzó a secuestrar a más y más gente.

Ignacio: ¿Y nunca lo atraparon?

Agustina: Sí, claro, y fue a la cárcel. Creo que lo sentenciaron a unos veinte años en prisión. Debe de haberse portado muy bien porque se ve que lo dejaron salir antes…

Vocabulario

negociar to negotiate
le ha llamado la atención it has caught her attention
la diversidad diversity
los compinches partners in crime
sentenciar to sentence
debe de haberse portado muy bien he must have behaved very well

70. LA CAJA FUERTE

Agustina e Ignacio ya han descubierto quién es el secuestrador, un delincuente exconvicto que había realizado muchos secuestros en el pasado.

Ignacio: ¿Y sabes dónde podría encontrarse Rosco ahora?

Agustina: Sí, tengo una idea muy clara de dónde podría estar...

Ignacio: ¿Su vieja guarida?

Agustina: No, la casa de su madre. Entrevisté a esa mujer una decena de veces y nunca nos dijo nada. Estoy segura de que ahora mismo lo está protegiendo.

Ignacio: Espera, ¿qué hacemos con la tarjeta de memoria? No pensarás dejarla aquí, ¿verdad?

Agustina: No, claro. Es verdad. ¿Qué hacemos? ¿Nos la llevamos?

Ignacio: Tengo una idea mejor. Tengo una pequeña caja fuerte en mi oficina donde guardo la información de contacto de algunos policías infiltrados. Nadie conoce la contraseña salvo yo. ¿Quieres que la guardemos ahí mientras estamos afuera?

Agustina: Sí, claro. Toma, guárdala bien.

Ignacio: ¿Nos vemos en el coche en cinco minutos?

Agustina: Sí, perfecto. Te veo abajo.

Vocabulario

la caja fuerte safe box
la guarida den
los policías infiltrados undercover policemen
salvo yo except for me

71. LA GUARIDA DE LOS SECUESTRADORES

Cinco minutos más tarde Ignacio y Agustina se encuentran en el aparcamiento. Suben al coche de la detective Sánchez y se dirigen hacia donde creen que encontrarán a Rosco. Se trata de un pequeño apartamento en un barrio a las afueras de la ciudad. Llaman a la puerta varias veces hasta que alguien responde...

Señora Castillone: ¿Quién es? ¡Estaba durmiendo la siesta!

Agustina: Hola, señora Castillone. Mi nombre es Agustina Sánchez. Detective Agustina Sánchez. Nos conocimos hace unos quince años. ¿Está su hijo en casa?

Señora Castillone: Mi hijo no está en casa en este momento. Ha salido. Volved otro día. **Agustina:** Señora, por favor, abra la puerta.

Señora Castillone: Vale, vale. Entren. Pero es cierto, mi hijo no está en casa.

Agustina: ¿Hay alguien más aquí?

Señora Castillone: No, no, estoy sola. Mi hijo está trabajando. Ahora tiene un trabajo legal en un supermercado. Ha dejado su pasado atrás. No tengo idea por qué estáis aquí...

Agustina: Señora... No le molestaremos mucho rato.

Simplemente quiero hacerle una pregunta... ¿Siempre ve los dibujos animados mientras duerme la siesta?

Señora Castillone: ¡Oh, no!

Vocabulario

a las afueras de la ciudad on the outskirts of the city
ha dejado su pasado atrás he has left his past behind
no le molestaremos mucho rato we won't bother you for long

72. EL RESCATE

Desde la puerta puede verse una televisión encendida y puesta en los dibujos animados. En la mesa, hay un vaso de leche y unas galletas. Agustina entra en la casa y revisa las dos habitaciones. En uno de los armarios encuentra a una niña escondida.

Señora Castillone: ¡Es mi sobrina! Estábamos jugando al escondite.

Ignacio: ¿Pero si acaba de decirnos que estaba sola y que estaba durmiendo la siesta?

Señora Castillone: Me olvidé que estaba mi sobrina en casa. Pobrecilla, debe estar escondida hace más de una hora.

Agustina: No tengas miedo, pequeña… Yo soy policía… y también soy una mamá. Mi hijo, Mateo, tiene más o menos tu edad. ¿Cuántos años tienes?

Melanie: Tengo 6.

Agustina: Ah, pues mi hijo tiene solo 5. Estoy segura de que podríais ser amigos. Te llamas Melanie, ¿verdad?

Melanie: Sí, ¿cómo lo sabes?

Agustina: Porque me ha enviado tu madre a buscarte, ¿qué te parece si nos vamos con ella?

Melanie: ¿Nadie le va a hacer daño a mamá si me voy?

Agustina: No, bonita, claro que no. No llores. Todo estará bien…

Vocabulario

el rescate rescue
jugar al escondite to play hide-and-seek
pobrecilla poor thing
hacerle daño a alguien to hurt someone
revisar to check

73. DE VUELTA A CASA

Ignacio se encarga de detener a la señora Castillone porque se niega a decir dónde se encuentra su hijo. Dice que el secuestro lo ha hecho ella sola. Mientras, Agustina Sánchez lleva a la pequeña Melanie con su madre.

Teresa: ¡Hija mía! ¿Eres tú?

Melanie: ¡Mamá! ¡Mamá! Soy yo, soy yo.

Teresa: Ven, hija. Abrázame. Gracias, gracias, detective. No sabes cuánto te agradezco que hayas traído a mi niña de vuelta.

Agustina: Es mi trabajo, señora.

Teresa: ¿Qué ha sucedido con los hombres que hicieron esto? ¿Los habéis capturado?

Agustina: Hemos hecho un arresto. Sin embargo, aún quedan un par de personas por capturar por esto. Mientras tanto, tendrá protección policial. ¿Ve a esas mujeres en ese coche?

Teresa: Sí, claro.

Agustina: Ellas son policías también. Son de mi más absoluta confianza. Estarán vigilando tu casa día y noche. Por favor, no abras la puerta a gente desconocida y no salgas. Si tienes que ir a algún lado, habla con ellas.

Teresa: Entendido. ¿Tu no puedes quedarte también?

Agustina: Lo lamento, pero debo ir a atrapar a los hombres que hicieron esto.

Vocabulario

de vuelta a casa back home
negarse to refuse
te lo agradezco I appreciate it
la protección policial police protection

74. ¿DÓNDE ESTÁ LA TARJETA?

La detective Sánchez vuelve a la comisaría dispuesta a denunciar al inspector Zabaleta con ayuda de la tarjeta de memoria que han encontrado dentro del cuadro como prueba. Sin embargo, cuando entra, Ignacio tiene un anuncio.

Ignacio: ¡La tarjeta de memoria! ¡Ha desaparecido!

Agustina: ¡¿Qué?! ¿Cómo es posible? ¿No dijiste que solo tú conocías la clave?

Ignacio: Sí, no sé como a podido pasar.

Agustina: ¿Dónde puede estar?

Ignacio: La he buscado por todas partes, pero no está. Alguien debe habérsela llevado.

Agustina: Zabaleta tiene que estar detrás de esto.

Ignacio: Shhh… alguien viene.

Vocabulario

dispuesta a willing to
denunciar to report to the police
el anuncio announcement
por todas partes everywhere

75. ZABALETA LLAMA

Mientras Agustina e Ignacio hablan en el pasillo de la comisaría se acerca a ellos el oficial Pérez, uno de los hombres más cercanos al inspector Zabaleta.

Pérez: Sánchez, Galeano.

Agustina: ¿Qué sucede, oficial Pérez?

Pérez: Zabaleta quiere veros de inmediato en su despacho.

Agustina: Claro... Por supuesto. Ya está aquí. Iremos de inmediato.

Pérez: Tengo órdenes de ir con vosotros.

Agustina: Vale. Vamos, Ignacio. Mejor no alargar esto.

Ignacio: Vale.

Agustina [susurrando]: Ten mucho cuidado, esto puede ponerse feo. Ten tu arma a mano.

Ignacio [susurrando]: Oído, colega.

Zabaleta: Entrad y cerrad la puerta.

Agustina: Preferimos dejar la puerta abierta.

Zabaleta: Ignacio, cierra la puerta.

Ignacio: Sí, jefe.

Agustina: Ignacio, ¿qué haces?

Ignacio: Se acabó, Agustina.

Vocabulario

mejor no alargar esto let's not drag this out any longer
esto puede ponerse feo this can get messy
ten tu arma a mano have your weapon on hand

76. UN GIRO INESPERADO

Agustina e Ignacio se encuentran en el despacho de Zabaleta. Agustina acaba de darse cuenta de que Ignacio ha estado involucrado en los asuntos corruptos de Zabaleta. Está muy sorprendida.

Agustina: ¿Tú también eres parte de esto? ¿Desde siempre?

Zabaleta: No, no. El detective Galeano es uno de nuestros últimos fichajes en el equipo. Creo que de hecho fue gracias a ti, detective Sánchez, que Ignacio se enteró de nuestros asuntos. Apenas se dio cuenta de cómo eran las cosas aquí vino a verme para sumarse a nuestro equipo.

Agustina: ¿Eso es cierto?

Ignacio: Sí, es cierto.

Agustina: O sea que la tarjeta de memoria…

Ignacio: Ni siquiera tengo una caja fuerte en mi oficina.

Agustina: ¿Y cuando secuestraron a esa niña y tú perseguiste al criminal?

Ignacio: Lo dejé escapar.

Agustina: ¿Y cuando te encontré en el edificio en construcción?

Ignacio: Bueno, yo te encontré a ti, técnicamente.

Agustina: Tú eras el policía que estaba con Zabaleta haciendo tratos con esos rufianes…

Vocabulario

un giro inesperado an unexpected twist
el fichaje recruit
ni siquiera tengo I don't even have
técnicamente technically

77. LOS MOTIVOS

Agustina, después de oír que su compañero es igual de corrupto que su jefe exige explicaciones. No puede comprender qué lo ha llevado a tomar esa horrible decisión.

Agustina: Pero ¿por qué, Nacho? ¿Por qué? Pensé que tú eras distinto.

Ignacio: ¿Realmente quieres que crea que nunca lo has pensado? ¿Qué nunca te has visto tentada por obtener un poco más de lo que te da el sistema? Yo quiero una vida mejor, quiero vivir con dignidad.

Agustina: Todos queremos vivir mejor, Ignacio. Pero te aseguro que la dignidad no la encontrarás por este camino. ¿Por qué crees que esto te hará vivir mejor?

Ignacio: ¿Me estás preguntando por qué busco algo de ingresos extra cuando estoy arriesgando mi vida todos los días y gano lo mismo que un camarero?

Agustina: Todos trabajamos en estas condiciones, deberías saberlo.

Ignacio: ¿Y terminar como tú, viviendo a los cuarenta años en un piso horrible, con un coche de segunda, apenas pudiendo mantener a mi hijo?

Vocabulario

exigir demand
tentada tempted
los ingresos extra extra income
en estas condiciones under these conditions
mantener to maintain

78. EL ARMA

Zabaleta, que había permanecido callado por un rato, saca algo de su cinturón. ¡Es un arma! Agustina se queda paralizada.

Agustina: Inspector, ¿qué piensas hacer con eso?

Ignacio: Un momento, jefe. ¿No es un poco extremo? Todos en la estación lo oirán.

Zabaleta: ¡Silencio! Deberíais callaros un buen rato. Tú, Ignacio, no gastes energía buscando excusas; el sistema injusto, la dignidad… Todos pensamos lo mismo al principio, pero mientras antes lo aceptes, mejor será para ti. Lo haces por el dinero, y porque te gusta salirte con la tuya, te gusta obtenerlo de la forma fácil y rápida, aunque eso implique sacárselo a otros de las manos.

Ignacio: Pero yo…

Zabaleta: Y tú, Sánchez. Tú te crees mejor que todos nosotros, con tu moral impecable. Bueno, malas noticias, no lo eres. Después de esto, no recibirás un ascenso nunca más en tu vida. Tendrás el mismo sueldo durante veinte años más y luego te retirarás. Tu hijo ya no estará en casa, serás pobre y estarás sola, y no tendrás a nadie cerca para que vea lo buena que fuiste cuando eras policía. ¿Eso quieres?

Sánchez: Pero…

Zabaleta: Silencio. Ahora voy a hacer algo que debería haber hecho hace tiempo…

Vocabulario

permanecer callado to remain silent
paralizada paralyzed
las excusas excuses
te gusta salirte con la tuya you like getting your own way
injusto unfair
el ascenso promotion

79. LAS PRUEBAS DESTRUIDAS

En ese momento el inspector Zabaleta saca de su bolsillo la tarjeta de memoria. La coloca sobre el escritorio y con la culata de su revólver la golpea hasta que queda hecha pedazos.

Agustina: ¡No!

Zabaleta: Sí, ahora no hay más pruebas de lo sucedido. Puedes ir y hablar con quien quieras, pero... no creo que sea de tu conveniencia.

Agustina: ¿Qué quieres decir?

Zabaleta: ¿No tienes curiosidad por saber dónde estaba Rosco esta tarde cuando fuiste a detener a su madre?

Agustina: ¿De qué hablas?

Zabaleta: Después de todo, él ya tiene mucha práctica en 'recoger' niños pequeños. ¿Dónde está el pequeño Mateo ahora?

Agustina: ¡¿Qué?!

Ignacio: Un momento, jefe. Esto no es lo que habíamos hablado.

Vocabulario

la culata gun-butt
hecha pedazos shattered
la conveniencia convenience

80. EL SECUESTRO

Zabaleta ha insinuado que el hijo de Agustina podría estar en peligro si ella no colabora.

Agustina: Me estás diciendo que… ¿Rosco ha ido por mi hijo?

Zabaleta: Está siguiéndolo de cerca. Ah, mira, aquí me ha llegado un mensaje. En este momento está con la niñera en el parque… Un movimiento en falso, Sánchez, y tu hijo estará en manos de mi colega.

Agustina: No, ¡no! Te lo ruego, díle que no le haga nada.

Zabaleta: Veremos… primero tenemos que resolver todo el jaleo que has armado. Por ejemplo, tenemos que liberar a la señora Castillone. Rosco se enfadó mucho cuando oyó que la habían traído a la comisaría.

Ignacio: No te preocupes, jefe, no la traje como acusada de secuestro. Simplemente como testigo. Está en una de las salas de interrogatorios.

Zabaleta: Vale, vamos a charlar con ella y mandarla a su casa. Y tú, Sánchez. Tú te quedas aquí hasta dentro un rato. Me llevo tu móvil, si no te importa, y el teléfono de línea. No intentes salir. El oficial Pérez estará en la puerta.

Vocabulario

insinuar to insinuate
la niñera nanny
te lo ruego I beg you
el jaleo hassle
liberar to free

81. ENCERRADA EN EL DESPACHO

Agustina se encuentra encerrada en el despacho de Zabaleta. La puerta está cerrada con llave y detrás de la puerta se encuentra el oficial Pérez para vigilar que no salga. Agustina intenta hablar con él para que la deje salir.

Agustina: Pérez, ¡escúchame! Si me dejas salir y te arrepientes de todo es posible que pases menos años en prisión.

Pérez: ¡Cállate! No te dejaré salir de aquí. Además, tú eres la única de aquí que irá a prisión.

Agustina: ¿Así que Zabaleta planea inculparme? ¡No lo creo! ¡Nadie se lo creería!

Pérez: Seguro que piensas que el Comisario General te creerá a ti antes que a él ¿verdad? Yo no estaría tan seguro. Zabaleta ha estado por aquí muchos más años que tú. Conoce a más gente, tiene más poder.

Agustina: Él tiene más poder pero no tiene pruebas contra mí. ¡No tiene nada contra mí!

Pérez: De alguna forma lo logrará, no te preocupes. Ahora cállate, si no quieres que le pase algo a tu hijo. Alguien viene…

Vocabulario

encerrada locked up
cerrada con llave locked (with a key)
tú eres la única de aquí que irá a prisión you are the only one here who will go to jail
el poder power
inculpar to accuse

82. PÉREZ SE VA

Agustina oye pasos que se acercan por el pasillo. Alguien que ella no conoce habla con Pérez.

Pérez: ¿Qué sucede?

Oficial: Zabaleta mandó a buscarte.

Pérez: Pero hace un rato me dijo que me quedara aquí que no debía moverme de este sitio.

Oficial: Sí, me dijo que dirías eso, pero es urgente. Debemos ir hasta la oficina central de la Policía Nacional de inmediato.

Pérez: ¿Te ha dicho por qué?

Oficial: No, me dijo que no podía decírmelo por teléfono.

Pérez: Vale, vamos. Tú, Sánchez, ni sueñes con salir de aquí. Recuerda lo que está en juego…

Agustina: Claro, claro.

Vocabulario

los pasos steps
recuerda lo que está en juego remember what is at stake

83. LA HUIDA

La detective Sánchez espera un rato a que Pérez y el otro oficial se alejen. Después, sin dudarlo, toma impulso y abre la puerta de una patada. Evitando que la vean, sale a escondidas del edificio. Sin embargo, apenas sale se topa en la calle con...

Agustina: ¡Nuria! ¿Qué haces aquí?

Nuria: Es algo urgente... Hace un rato llegó un mensajero con este sobre para mí. Me dijo: "Esto es para Agustina. Dile que esta vez NO SE LO DE A NADIE".

Agustina: ¡Qué extraño! ¿Qué hay dentro?

Nuria: No lo sé, no he mirado. Ábrelo.

Agustina: ¡Es la tarjeta de memoria! Pero ¿cómo puede ser? Zabaleta la destruyó. Pero sí, es la misma tarjeta del cuadro. Incluso tiene pintura encima.

Nuria: Agustina... Disculpa, pero no tengo idea de qué estás hablando.

Agustina: No importa, te explicaré en el camino.

Nuria: ¿A dónde vamos?

Agustina: A salvar a mi hijo. Y luego, ¡a hundir a ese corrupto de Zabaleta!

Vocabulario

alejarse to move away
sin dudarlo without hesitation
tomar impulso gather momentum
de una patada with one kick
a escondidas secretly
se topa con she bumps into

84. DE CAMINO AL PARQUE

Agustina y Nuria salen corriendo al coche. Cuando suben Agustina enciende las sirenas y arranca a toda velocidad hacia El Retiro, el enorme parque madrileño donde Mateo se encontraba con su niñera.

Agustina: En la tarjeta están las pruebas de la corrupción de Zabaleta. ¡Estaba escondida bajo la pintura en el cuadro!

Nuria: ¡Así que finalmente tenías razón! ¡Zabaleta estaba implicado en todos esos crímenes representados en la pintura!

Agustina: Sí, en esos y en muchos más… Y ahora ha amenazado con secuestrar a mi hijo.

Nuria: ¡No! Es un demonio. ¿Dónde está Mateo?

Agustina: Hasta hace un rato estaba en el parque con su niñera. Zabaleta se llevó mi teléfono, así que no puedo llamarla. Quizá podamos alcanzarlos antes de que lo haga el hombre de Zabaleta.

Nuria: ¿Y luego? ¿Qué hacemos para detenerlo?

Agustina: Con estas pruebas tenemos que ir hasta la oficina central de la Policía Nacional y hablar con el Comisario General Fratelli. Es la persona a la que debemos recurrir para que ordene la detención de Zabaleta.

Vocabulario

las sirenas sirens
arranca a toda velocidad starts at full speed
amenazar threaten
alcanzar to reach
recurrir to turn to

85. ¡ALGUIEN SE HA LLEVADO A MATEO!

Después de unos minutos conduciendo a toda velocidad por las calles de Madrid, Agustina y Nuria, llegan a El Retiro. Van directamente hacia el sitio donde Mateo suele pasear con su niñera. Después de buscar un rato encuentran a Nancy, la niñera de Mateo, caminando sola.

Agustina: Nancy, ¿dónde está Mateo?

Nancy: ¡Hola, Agustina! No te preocupes, Mateo está bien.

Agustina: ¿Dónde está?

Nancy: Vino Ignacio a buscarlo hace un rato como me habías avisado.

Agustina: ¿Yo te he avisado?

Nancy: Sí, tú me mandaste un mensaje al móvil para avisarme de que Ignacio pasaría a buscar a Mateo, ¿no te acuerdas? A los pocos minutos Ignacio pasó por aquí a buscarlo. ¿Hay algún problema?

Agustina: No... no hay ningún problema. Es verdad, ¡me había olvidado! ¿Dónde está mi cabeza estos días? De verdad, necesito unas vacaciones... Vale, Nancy. Voy para casa entonces, nos vemos luego.

Vocabulario

donde Mateo suele pasear where Mateo usually walks
a los pocos minutos within a few minutes

86. LA LLAMADA DE IGNACIO

Agustina vuelve al coche con Nuria sin saber bien qué hacer a continuación.

Nuria: Bueno, entonces no pasa nada. Mateo está con Ignacio.

Agustina: Nuria, hay algo que no te he dicho…

Nuria: ¿Qué?

Agustina: Ignacio… Ignacio está con Zabaleta… Es uno de ellos. Vendió su moral por dinero.

Nuria: ¡No puede ser! Un momento… eso quiere decir que… Mateo…

Agustina: Sí, exacto.

Teléfono: ¡RIIIIIIIING!

Nuria: Mira, es él, ¡Ignacio! Me está llamando. ¿Qué hacemos?

Agustina: Dame el teléfono. Quiero hablar yo con él. ¿Hola?

Ignacio: Agustina, no te preocupes.

Agustina: ¿Dónde está mi hijo?

Ignacio: Tranquila, tranquila. En serio, estamos en tu casa. Todo está bien. Ven aquí y te explicaré todo.

Vocabulario

sin saber bien qué hacer not fully knowing what to do
¡no puede ser! I don't believe it!
eso quiere decir que... that means that...
tranquila calm down, don't worry

87. EL REENCUENTRO CON MATEO

Agustina y Nuria conducen a toda velocidad hasta el piso de Agustina. Cuando abren la puerta, Mateo corre a los brazos de su madre y le da un gran abrazo. Ignacio la espera sentado en una silla en la cocina.

Agustina: ¡Hijo!

Mateo: ¡Mami! ¿Cómo estás?

Agustina: ¿Cómo estás tú, hijo? ¿Estás bien? ¿Nadie te ha hecho daño?

Mateo: ¿De qué hablas, Mamá?

Ignacio: Agustina, tenemos que hablar.

Agustina: ¡Claro que tenemos que hablar! Hijo, ve a jugar a tu habitación un rato. Los adultos tenemos que hablar.

Mateo: ¡Vale! Era lo que iba a hacer de todos modos.

Ignacio: Agustina, ¡nunca estuve con Zabaleta! Era todo una investigación de incógnito. Yo le envié la tarjeta a Nuria y le di una tarjeta falsa a Zabaleta.

Agustina: ¿Una investigación? ¡Ahora entiendo todo! Ya me parecía imposible…

Vocabulario

el reencuentro reunion
de todos modos anyway
la tarjeta falsa fake card

88. IGNACIO LO EXPLICA TODO

Agustina, Ignacio y Nuria hablan en la casa de Agustina. Ignacio les explica que estaba trabajando como agente encubierto infiltrado en el grupo de policías corruptos liderado por Zabaleta.

Ignacio: Perdón, pero no te lo podía decir antes. Era absolutamente secreto.

Nuria: ¿Pero por qué no la guardaste en la comisaría?

Ignacio: Esa tarjeta contiene las pruebas más importantes contra Zabaleta. Tenía que sacarlas del allí. No podía tenerla conmigo porque Zabaleta está muy paranoico últimamente. Desde lo de la pintura sabe que alguien de su equipo está filtrando información, ¡pero no tiene idea de quién es! Entonces siempre nos revisa los bolsillos y revisa que no llevemos micrófonos.

Agustina: ¿Tú tampoco sabes quién es el que está filtrando información? ¿Quién pintó el cuadro?

Ignacio: Ni idea. Nadie sabe nada.

Vocabulario

agente encubierto undercover agent
infiltrado infiltrated
liderado por led by
ultimamente lately

89. LA RED DE CORRUPCIÓN

Ignacio explica a Agustina que, además de Zabaleta, la red de corrupción que él estaba investigando era mucho más grande.

Agustina: Pero, una vez que conseguimos las pruebas, la tarjeta, ¿por qué no denunciar a Zabaleta en ese momento?

Ignacio: Verás, esto no es solo sobre Zabaleta. Queremos detener a todos los policías corruptos que trabajan con él. Todavía necesitaba un rato para conseguir pruebas de otros involucrados, pero ahora tengo todo lo que necesitaba.

Agustina: ¿Y lo de Mateo?

Ignacio: Cuando salimos Zabaleta iba a llamar a Rosco para que secuestrara a tu hijo, pero, lo convencí de que era mejor si lo hacía yo. Le dije que yo ya conocía al niño y a su niñera, y que sería más fácil. Fue difícil, pero accedió. Así, pude asegurarme de que Mateo estuviera a salvo. Después llamé a otro de los hombres de Zabaleta haciéndome pasar por él. Le di la orden de que llamara a Pérez con urgencia... Solo así podrías escapar.

Agustina: Amigo, ¡has salvado a mi hijo!

Vocabulario

una vez que once
otros involucrados others involved
acceder to agree
¡has salvado a mi hijo! you saved my son!

90. LA PROMESA

Agustina abraza a Ignacio agradecida por lo que ha hecho por ella y por su hijo.

Ignacio: Vale, ahora tenemos que ir a denunciar a ese corrupto.

Agustina: Antes de qué él intente inculparme a mí.

Nuria: Agustina, ¿quieres que me quede con Mateo?

Agustina: Sí, por favor. ¡Hijo! Ven a saludar a Mamá. Vas a quedarte un rato con la tía Nuria. ¿Vale?

Mateo: ¡Uf! Siempre trabajando, Mamá.

Agustina: Te prometo que si todo sale bien hoy, me tomaré un mes entero de vacaciones para jugar contigo. ¿Qué te parece?

Mateo: ¡Genial!

Vocabulario

abrazar to hug
agradecida grateful
salir bien to turn out well
un mes entero a whole month

91. EN LA OFICINA CENTRAL

Ignacio y Agustina conducen hasta la oficina central de la Policía Nacional donde se encuentra el Comisario General. Sin embargo, una vez que pasan los guardias de seguridad y entran en el edificio, notan algo extraño...

Agustina: ¿Qué pasa aquí? Está muy vacío, ¿verdad?

Ignacio: Sí, es muy extraño. Cuando vine ayer a dejar a Rayos X, estaba lleno de gente.

Agustina: ¿Dónde se habrá metido todo el mundo?

Ignacio: Silencio, ¡escucho algo!

Agustina: ¿Hola, hay alguien ahí?

Policía: ¡ARRIBA LAS MANOS! SOLTAD VUESTRAS ARMAS, ¡ESTÁIS DETENIDOS!

Agustina: ¿Qué?

Policía: ¡ARRIBA LAS MANOS O DISPARAMOS!

Vocabulario

Comisario General Commissioner-General
¿dónde se habrá metido todo el mundo? where has everyone gone?
soltad vuestras armas drop your weapons
estáis detenidos you are under arrest

92. DETENIDOS

Una docena de policías y perros policía salen de sus escondites en la oficina central de la Policía Nacional. Tienen armas. Ignacio y Agustina levantan las manos. Los policías esposan a Ignacio y Agustina.

Agustina: ¿Qué está sucediendo? Venimos a ver al Comisario General Fratelli.

Comisario General Fratelli: No se preocupe, detective Sánchez, estoy aquí.

Zabaleta: Le dije que vendrían, Comisario General. Tenían un plan para inculparme por sus propios actos de corrupción.

Ignacio: Pero Zabaleta, ¿qué dices?

Zabaleta: Justamente acabo de mostrarle al Comisario General una grabación donde puede oírse tu voz, Ignacio, vendiendo protección a criminales, seguramente bajo órdenes de la detective Sánchez. Y ahora que sabías que os iban a atrapar, ¡corréis aquí para inculpar a otros!

Ignacio: Estaba trabajando de incógnito, ¡para inculparte a ti!

Zabaleta: ¿Ah, sí? Dónde están las pruebas.

Agustina: Las pruebas están en mis bolsillos. Vamos, ¡revisad mis bolsillos!

Comisario General Fratelli: Oficiales, revisen los bolsillos de la detective Sánchez.

Vocabulario

una docena a dozen
el escondite hideout
esposar to handcuff
propio own

93. LA TARJETA DE MEMORIA

Dos oficiales se acercan y revisan los bolsillos de Agustina. Uno de ellos después de unos segundos, saca una pequeña tarjeta de memoria manchada con pintura roja.

Agustina: ¿Ve eso, Comisario General? En esa tarjeta de memoria hay decenas de grabaciones del Inspector Jefe Zabaleta negociando con mafiosos y criminales.

Zabaleta: ¡No puede ser! ¡No es posible! No tienen nada contra mí.

Ignacio: ¿Por qué estás tan preocupado, Zabaleta? Pensaste que había destruido todas las pruebas, ¿verdad? La tarjeta de memoria real es esta. Lo que destruiste en tu oficina eran las fotos de mi viaje a Grecia el verano pasado... Por cierto, mi novia va a matarme cuando se entere de que perdí las fotos.

Zabaleta: ¡*Yo* voy a matarte, Galeano! ¡Me has engañado!

Vocabulario

manchada stained
¿verdad? isn't it?
¡me has engañado! you fooled me!

94. CUERPO A TIERRA

Zabaleta, completamente enfurecido, saca un arma y apunta a Ignacio y a Agustina. Cuando el Comisario General quiere detenerlo lo agarra y apunta el arma a su cabeza. Todos los policías bajan sus armas.

Zabaleta: ¡Todos al suelo! ¡Vosotros, lanzad vuestras armas bien lejos!

Comisario General Fratelli: ¿Qué hace, Zabaleta? ¿Está loco? Entréguese ahora mismo y no empeore las cosas.

Zabaleta: Silencio, tú. ¡Todos al suelo! ¡Ahora u os vuelo la cabeza!

Agustina [susurrando]: Ignacio, ¿qué hacemos?

Ignacio [susurrando]: Tengo un plan. ¡PREPARADO!

Agustina: ¿Qué haces?

Zabaleta: ¡Silencio! Ahora, voy a salir de aquí muy despacio y no quiero que NADIE me siga. Todos se quedan en el suelo contando hasta cien.

Agustina [susurrando]: ¡Hay que hacer algo! Se va a escapar.

Ignacio: Rayos, ¡ATACA!

Vocabulario

enfurecido enraged
apuntar a to aim at
lo agarra grabs him
entréguese ahora mismo turn yourself in right now
no empeore las cosas don't make things worse
u os vuelo la cabeza or I'll blow your head off

95. EL ATAQUE DE RAYOS X

Cuando Ignacio da la orden, Rayos X, que había estado en la habitación todo ese tiempo, salta y muerde a Zabaleta en la mano con la que sostiene el arma. Zabaleta intenta sacárselo de encima, pero Rayos no lo suelta. Después de forcejear unos segundos logra que suelte el arma. En ese momento todos los policías se ponen de pie, recuperan sus armas y apuntan a Zabaleta.

Policía: ¡Quieto, Zabaleta!

Comisario General Fratelli: ¡Rayos X! Me has salvado... Bueno, Galeano, ha sido usted, en realidad.

Ignacio: No, no, ha sido Rayos X. Yo solo le he dado la orden. Es muy valiente, ¿verdad, chico? ¿Quién es mi perrito valiente?

Agustina: Comisario General, creo que no es necesario explicar que Zabaleta es la cabeza de la red de corrupción y que nosotros no tenemos nada que ver.

Comisario General Fratelli: Por supuesto. Claro que habrá una investigación, pero después de lo que acabo de ver, no me quedan dudas de la culpabilidad de Zabaleta.

Agustina: ¿Le importaría quitarnos las esposas, entonces?

Vocabulario

morder to bite
sostener to hold
forcejear to struggle
valiente brave
recuperar to recover
quitar to remove

96. DETIENEN A ZABALETA

Un grupo de policías esposan a Zabaleta al mismo tiempo que le quitan las esposas a Agustina e Ignacio.

Zabaleta: ¿Qué hacéis?

Comisario General Fratelli: Le detienen, Zabaleta. Después de esto, no dude de que pasará el resto de sus días en prisión. Y no solo por los hechos de corrupción, sino por lo que acabas de hacer. ¡Llévenselo!

Zabaleta: ¡Un momento! ¡Un momento! Sánchez, díme quién era… ¿quién era el informante? No puede ser Ignacio, él no tenía esa información… ¿Quién fue?

Agustina: Supongo que se quedará con la duda, Zabaleta. Así tendrá algo que pensar en la cárcel.

Zabaleta: ¡Nooo! Díme.

Comisario General Fratelli: ¡Llévenselo de una vez! …Vale, ahora que se ha ido… ¿Quién es el informante del que Zabaleta hablaba?

Agustina: Sinceramente, Comisario General, no tenemos idea. Solo sabemos que le gusta pintar.

Vocabulario

al mismo tiempo at the same time
los hechos incidents, facts
¡llévenselo de una vez! take him away at once!

97. LA LLAMADA URGENTE DE NURIA

En ese momento el teléfono de Ignacio suena.

Ignacio: ¡Es Nuria!

Agustina: Déjame hablar con ella… ¡Nuria! ¿Va todo bien?

Nuria: ¡No, no va todo bien! ¡No va nada bien, Agustina!

Agustina: ¿Qué ha pasado? ¿Mateo está bien?

Nuria: Sí, sí, está aquí conmigo en el taxi.

Mateo: ¡Hola, Mami! ¡Vamos al hospital!

Agustina: ¿¡Al hospital!? Nuria, ¿qué ha sucedido? ¿Un accidente?

Nuria: No, no, ¡es Alcia! ¡Alicia va a dar a luz!

Agustina: ¡Oh! Tranquila, Nuria, todo va a salir bien. Te vemos en el hospital. ¡Respira hondo!

Vocabulario

¡respira hondo! breathe deeply!
todo va a salir bien everything's going to be fine

98. LA OFERTA

Cuando Agustina corta la llamada, el Comisario General Fratelli se acerca.

Comisario General Fratelli: ¿Todo en orden, Sánchez?

Agustina: Sí, Comisario General. Es una amiga mía que va a ser madre.

Comisario General Fratelli: ¡Oh! Por supuesto. Vayan con ella... Pero antes... quería hacerle una pregunta.

Agustina: Claro, dígame.

Comisario General Fratelli: Sánchez, ¿qué planes tiene para el futuro?

Agustina: ¿A qué se refiere?

Comisario General Fratelli: Bueno, pronto necesitamos un nuevo inspector jefe para ocupar el puesto de Zabaleta. Creo que alguien con una excelente trayectoria y una moral intachable como la suya sería perfecta.

Agustina: ¡Oh! Claro. Bueno... ¡me encantaría! Pero solo con una condición.

Comisario General Fratelli: Claro, ¿qué condición?

Agustina: Necesito pasar un mes de vacaciones con mi hijo.

Comisario General Fratelli: Jajaja. Por supuesto, Sánchez.

La familia primero. Cuando termine, el puesto de inspectora jefa le estará esperando.

Vocabulario

cortar la llamada to hang up
ocupar un puesto to take up a job position
la trayectoria career
la moral intachable high moral character

99. EN EL PRADO

Un par de semanas después Agustina hace una visita al Museo del Prado con Mateo. Allí, están colgando de nuevo el misterioso cuadro de los crímenes. Nuria y Alicia se encuentran allí con su bebé recién nacida.

Agustina: ¡Oh, es muy guapa! ¡Ya está muy grande! Mira, Mateo, mira qué grande está ya la bebé. ¿Habéis decidido un nombre?

Alicia: ¡Sí! ¡Agustina!

Agustina: ¡Oh! ¿Estáis seguras? Para mí es un honor.

Mateo: ¿La niña se llama como tú, Mamá? Yo creo que es un nombre precioso.

Agustina: Gracias, hijo… ¿Alguna novedad sobre la pintura?

Nuria: No sabemos nada nuevo… Pero a la directora le encantó la idea de colgarla. Esta vez, le hemos mandado a imprimir una ficha.

Agustina: Ah, ¿sí? ¿Qué dice la ficha?

Nuria: Dice: "Autor desconocido, óleo sobre lienzo y tarjeta de memoria. Este cuadro ayudó a resolver cinco crímenes en un día y a desmantelar una red de corrupción policial". De verdad, creemos que, una vez que salga todo en los periódicos de mañana, será una enorme atracción.

Alicia: Oye, ¡mira quién está ahí! Es Adam.

Vocabulario

recién nacida newborn
precioso gorgeous
óleo sobre lienzo oil on canvas
desmantelar to disband

100. LA VISITA DE ADAM

Adam vestido con un abrigo largo y un sombrero se acerca al grupo. Después de saludar a todos se lleva a Agustina a un lado para charlar con ella a solas.

Agustina: Hola, Adam. Es un placer conocerte en persona. Quería agradecerte tu ayuda.

Adam: Bueno, realmente no he hecho demasiado por este misterio… hasta ahora.

Agustina: ¿Quieres decir que…?

Adam: Sí, ha sido difícil, pero hemos descubierto quién pintó el cuadro.

Agustina: ¿Quién fue?

Adam: Mira… ahí está. Contemplando su propia obra.

Agustina: Ese es… ¡Ese es Lucas Zabaleta! ¿Quieres decir que inculpó a su propio padre?

Adam: Claro. Después de todo, ¿no harías tú lo mismo?

Agustina: ¿Y crees que deberíamos decir algo?

Adam: Sinceramente, creo que todo será mejor para él y para su familia si las cosas quedan así.

Vocabulario

a solas alone
en persona in person
contemplar to gaze at

101. LUCAS RECIBE UNA INVITACIÓN

Cuando Lucas ve a la detective Sánchez se acerca a ella. Lucas parece algo triste, pero está bien.

Agustina: ¿Cómo estás, Lucas? Lamento lo de tu padre.

Lucas: No pasa nada, detective… Supongo que se lo merecía.

Agustina: ¿Has ido a verlo a la cárcel?

Lucas: Sinceramente, mi padre y yo nunca hemos tenido una muy buena relación.

Agustina: Comprendo… este es Adam. Creo que vosotros podríais llevaros bien. A Adam también le gusta mucho el arte.

Lucas: Hola, Adam. ¿Así que te gusta el arte? A mí me gusta mucho pintar.

Adam: Sí, lo sé.

Lucas: ¿Lo sabes?

Adam: Sí, de hecho, yo soy parte de un club muy especial y secreto de personas a las que… nos gusta el arte y sabemos mucho de ti. Estábamos pensando en invitarte a formar parte del club si te interesa…

Vocabulario

no pasa nada it's okay
se lo merecía he deserved it
la relación relationship
llevarse bien to get along
formar parte de to be part of

FIN

THANKS FOR READING!

I hope you have enjoyed these stories and that your Spanish has improved as a result! A lot of hard work went into creating this book, and if you would like to support me, the best way to do so would be with an honest review of the book on the Amazon store. This helps other people find the book and lets them know what to expect.

To do this:

Visit: *http://www.amazon.com*

Click "Your Account" in the menu bar

Click "Your Orders" from the drop-down menu

Select this book from the list and leave an honest review!

Thank you for your support,

Olly Richards

MORE FROM OLLY

If you have enjoyed this book, you will love all the other free language learning content I publish each week on my blog and podcast: *I Will Teach You A Language*.

Blog: Study hacks and mind tools for independent language learners.

http://iwillteachyoualanguage.com

Podcast: I answer your language learning questions twice a week on the podcast.

http://iwillteachyoualanguage.com/itunes

YouTube: Videos, case studies, and language learning experiments.

https://www.youtube.com/ollyrichards

COURSES FROM OLLY RICHARDS

If you've enjoyed this book, you may be interested in Olly Richards' complete range of language courses, which employ his "Story Learning" method to help you reach fluency in your target language.

Critically acclaimed and popular among students, Olly's courses are available in multiple languages and for learners at different levels, from complete beginner to intermediate and advanced.

To find out more about these courses, follow the link below and select "Courses" from the menu bar:

https://www.iwillteachyoualanguage.com

"Olly's language-learning insights are right in line with the best of what we know from neuroscience and cognitive psychology about how to learn effectively. I love his work!"

Dr. Barbara Oakley,
Bestselling Author of "A Mind for Numbers"

Printed in Great Britain
by Amazon